Jirina Prekop

Erstgeborene

Jirina Prekop

Erstgeborene

Über eine besondere Geschwisterposition

Kösel

Weitere Bücher von Jirina Prekop im Kösel-Verlag

Der kleine Tyrann
Welchen Halt brauchen Kinder?

Hättest du mich festgehalten ...
Grundlagen und Anwendung der Festhaltetherapie

Schlaf, Kindlein - verflixt noch mal!
Ein Ratgeber für genervte Eltern

Von der Liebe, die Halt gibt
Erziehungsweisheiten

Zusammen mit Christel Schweizer:

Kinder sind Gäste, die nach dem Weg fragen
Ein Elternbuch

Unruhige Kinder
Ein Ratgeber für beunruhigte Eltern

Zusammen mit Bert Hellinger:

Wenn ihr wüsstet, wie ich euch liebe
Wie schwierigen Kinder durch Familien-Stellen und Festhalten geholfen werden kann

ISBN 3-466-30529-2

Druck und Bindung: Kösel, Kempten
Umschlag: Elisabeth Petersen, München
Umschlagmotiv: Zefa/P. Arsenault
Auszüge aus »Große, kleine Schwester«
von Peter Härtling auf den Seiten 121 ff.

1 2 3 4 5 · 04 03 02 01 00

Gedruckt auf umweltfreundlich hergestelltem Werkdruckpapier (säurefrei und chlorfrei gebleicht)

Inhalt

Für meine
Schwester Maruška
in Liebe

Vorwort

Noch vor ein paar Jahren hätte ich dieses Buch eher aus Rache geschrieben. Und das, obwohl mir meine erstgeborene Schwester absichtlich nie etwas Böses getan hat. Sie versuchte eher, mir Gutes zu tun. Mein Schmerz rührte daher, dass ich glaubte, das weniger geliebte Kind zu sein. Dafür konnte sie nichts. Sie war der Star und ich befand mich in ihrem Schatten. Mein Verhältnis zu ihr war stets angespannt, mal mehr, mal weniger. Diese Beziehung, die nie frei von Kränkungen war, bestand mehr als sechzig Jahre. Als uns der Prager Frühling trennte und ich in den Westen flüchtete, während sie in Prag blieb, konnten wir uns elf Jahre lang nicht sehen. Später gelang es uns höchstens einmal pro Jahr. Darüber war ich nicht unbedingt traurig. Zwar habe ich mich immer wieder gefreut, sie zu sehen, aber ... Dieses »Aber« zeigte sich immer wieder. Meine Wunde, nicht so geliebt worden zu sein, wurde von neuem aufgerissen, und der Eiter vermischte sich mit dem Strom der Liebe. Fachlich sprechen wir von einer emotionalen Ambivalenz.

Erst kurz vor meiner Pensionierung ergab sich für mich die Gelegenheit, das System unserer Ursprungsfamilie aufzustellen. Als ob sich der Vorhang im verdunkelten Theatersaal hebt, so erhellte sich plötzlich die Bühne unseres gemeinsamen Lebens. Auf einmal sah ich die Verstrickung, in die meine Schwester wegen ihrer erstgeborenen Position geriet: Sie konnte nicht anders, sie musste mir gegenüber stets ihre Überheblichkeit demonstrieren. Eine warme Welle des Mitgefühls ergriff mich. Ich fuhr zu ihr nach Prag und stellte auf ihrem Esstisch mit Hilfe von Tassen und Zuckerdosen die Ursprungsfamilie unserer Mutter auf. Auch sie verstand, was zu Tage kam, spürte meine erwachte Liebe und erwiderte sie ohne Vorwurf; im Gegenteil, ihre Freude war so groß, als hätten sich die sechs Jahrzehnte der Fremde nicht zwischen uns gelegt. Heute freue ich mich auf ihre Besuche und denke jedes Mal: Hoffentlich kann sie lange bleiben! Jetzt schreibe ich dieses Buch also aus Liebe. Ich schreibe es meiner geliebten Schwester zuliebe. Aber auch als Liebeserklärung an alle Erstgeborenen. Erst jetzt ist mein Mitgefühl für ihren ganz besonderen Schmerz erwacht.

Warum gibt es so wenig Literatur über Erstgeborene?

Ein Entsetzen ergreift mich, wenn ich bedenke, dass ich mein Verständnis für meine Schwester und die Liebe zu ihr nur gewinnen konnte, weil mir ein langes Leben gegönnt wurde. Trotz meiner reichen Lebenserfahrungen und trotz meines intensiven Berufslebens als Kinderpsychologin war ich gegenüber den Erstgeborenen taub und blind. Solange ich mich persönlich betroffen fühlte, da ich von klein auf zum Gegenangriff gegen diese bedrohliche Übermacht bereit war, konnte ich keine objektive Einsicht gewinnen. Mein Herz war nicht frei.

Ist vielleicht diese frühe Verblendung auch für andere Autoren der Grund dafür, warum bis heute niemand ein Sachbuch über Erstgeborene geschrieben hat und auch die Beziehung zu den nachfolgenden Geschwistern oft zu kurz kommt? In seinem Buch über Geschwister *Brüder und Schwestern. Geburtenfolge als Schicksal* stellt Karl König eine ähnliche Frage. Er staunt darüber, dass »noch niemand versuchte, das soziale Verhalten innerhalb der Geschwisterreihe ins Auge zu fassen ...«. Er meint, dass man die Antwort auf die Auswirkungen der Geburtenfolge auf einer falschen Fährte gesucht hat. Man dachte irr-

tümlicherweise an Unterschiede der Intelligenz und der Charaktere. Die wesentlichen Unterschiede aber ergeben sich in den sozialen Einstellungen. »Ja, ein erster Sohn ordnet sich sozial ganz anders als ein zweites Kind«, stellt König fest. Eine einfache Tatsache, an welcher die meisten Forscher vorbeigehen, ganz so, als hätten sie Scheuklappen gegen das Naheliegende aufgesetzt. Scheuklappen, die dem Herzen das Sehen nicht gestatten. Wie sagt der Fuchs in *Der kleine Prinz* von Antoine de Saint-Exupéry? »Man sieht nur mit dem Herzen gut.«
Ist das vielleicht die besondere sozial-emotionale Sichtweise, die eher den Zweitgeborenen als den Erstgeborenen zum Schreiben eines Buches über die Geschwistersituation anspornt und diese durch die Brille des Zweitgeborenen sehen lässt? Höchstwahrscheinlich ging es Alfred Adler, dem zweitgeborenen Sohn, nicht anders, als es mir früher erging. Er war in dem Widerstand gegen seinen erstgeborenen Bruder gefangen (und in der Nachfolge auch gegen Sigmund Freud, den erstgeborenen Muttersohn), sah die vielen Vorteile, die Spätgeborene hatten, und deutete die Erstgeborenen eher als die Unfreien und Machthungrigen, als würden sie ein potentielles Kainzeichen auf der Stirn tragen. Von ihm stammt auch die verletzende Metapher von der »Entthronung« des Erstgeborenen.

Erst nachdem ich meine eigenen Scheuklappen ablegen und Verständnis für die Situation der Erstgeborenen entwickeln konnte, war ich in der Lage, die Beschwerden derjenigen Mütter und Väter, die in ihrer Ursprungsfamilie selbst spät geboren waren und sich in die Not ihres erstgeborenen Kindes nicht hineinversetzen konnten, zu verstehen. Die Verhaltensauffälligkeiten ihrer Ältesten riefen allzu oft den alten Groll gegen das eigene ältere Geschwister in Erinnerung. Als selbst Leidgeprüfte können sie sich gut in die Betroffenheit des Jüngeren einfühlen und ihm die Stange halten. Bereits am Telefon erkenne ich mittlerweile an der Stimme, worum es geht: »Mein ältester Sohn weigert sich, dem kleinen Brüderlein sein Spielzeug zu leihen. Wie soll ich ihm helfen?« – »Wem eigentlich?«, frage ich scheinbar naiv zurück. »Die Wievielte sind Sie selbst in ihrer Geschwisterreihe?«, frage ich weiter, obwohl ich die Antwort meist ganz genau weiß. Denn meistens klagt die kleine Schwester über ihren großen Bruder. »Kann es überhaupt sein, dass das erste Kind völlig anders als das zweite wurde, obwohl es die gleichen Eltern hat?«, fragen manche Eltern, als könnten sie nicht sehen, dass jedes Kind in eine andere Lage hineingeboren wird.

Das erklärt vielleicht auch die seltene Nachfrage nach Büchern über Erstgeborene. Über alle möglichen psychologischen Themen gibt es Bücher. Über die bösen Mädchen, die überall hinkommen, über die Frauen, die zu viel lieben, über die Männer, die sich lieben lassen, und über solche, die schweigen und und und. Und all diese Bücher werden mit Interesse gelesen, obwohl sie manchmal weit davon entfernt sind, was den jeweiligen Leser in seinem Leben bewegt. Das Schicksal der Erstgeborenen jedoch spricht fast jeden Mensch an. Nur die Einzelkinder bilden eine gewisse Ausnahme. Aber auch sie berührt das Thema, denn es ist durchaus möglich, dass ein Elternteil in seiner Ursprungsfamilie der Erstgeborene war oder unter dem Einfluss des Erstgeborenen aufwuchs und dementsprechend in seinem Verhalten geprägt wurde. So gibt es niemanden, den das Thema der Erstgeborenen nicht berührt. Entweder weil sie selbst Erstgeborene sind oder jahrelang die Konfrontation mit dem erstgeborenen Geschwister gelebt haben. Wie kommt es dennoch, dass das Interesse an diesem Thema so gering ist?

Ehrlich gesagt, ich weiß es selbst nicht. Ich kann nur spekulieren. Wuchs vielleicht der Erstgeborene in seine Rolle so selbstverständlich hinein, dass er sie für etwas völlig Normales hält? So gesehen würde niemand ein Buch über die Haut, in der er steckt, schreiben oder lesen. Er wäre höchstens rein sachlich daran interessiert, wie die Haut beschaffen ist und wie er sie pflegen kann. Es wird ihm aber nicht einfallen darüber nachzudenken, ob diese Haut für ihn vorteilhaft oder ungünstig ist und wie es wäre, wenn er keine Haut hätte. Er steckt in dieser Haut und diese Haut ist sein Schicksal und er kann sie nie loswerden. Auch an der Tatsache, dass einer erstgeboren ist, lässt sich nichts ändern. Dieser Zustand ist definitiv. Wenn er diese Haut in Frage stellen würde, müsste er nicht auch das Auseinanderbröckeln seiner Identität riskieren? Seiner Identität, die ihm so kostbar ist?

Ich kenne so gut wie keinen Erstgeborenen, der es auf Dauer bedauert hätte, vom Schicksal die erste Stelle bekommen zu haben, und der mit dem Jüngeren gerne tauschen würde. Sicherlich haben Sie bemerkt, dass ich »auf Dauer« betont habe. Vorübergehend kommen diese Wünsche häufig schmerzhaft hoch, wie ich später berichten möchte. Dagegen kenne ich viele Spätgeborene, die sich benachteiligt fühlen und den Neid auf das erstgeborene Geschwister ihr ganzes Leben lang mit sich herumtragen. Der Erstgeborene nimmt sein Los als Selbstverständlichkeit hin. Mit allen Vor- und Nachteilen, mit Ehre und Opfer. Wozu sollte er sich also mit Büchern befassen, die sein Los kritisch analysieren? Warum sollte er an seiner unveränderbaren Position rütteln? S.P. Bank und M. Kahn betonen in ihrem Buch *Geschwister-Bindung*, eine Erklärung für die überwiegend irrationalen Elemente in der Geschwisterbeziehung sei äußerst schwierig.

Unsere Märchenwelt hingegen hat zahlreiche Geschwisterschicksale thematisiert. Denken wir an die erstgeborenen Töchter aus der ersten Ehe des Vaters, an Schneewittchen und Aschenputtel, die einen Opfergang für die nicht geehrte verstorbene Mutter antreten und von den Stiefschwestern geplagt werden. Von zwei Brüdern ist der Ältere meist der Klügere, der in jeder Situation einen Rat weiß. Der Jüngere hingegen erscheint dumm und ungeschickt, letzten Endes aber gewinnt er. Merkwürdigerweise bleibt der Erstgeborene so, wie er ist, während sich die märchenhafte Verwandlung um das Wunder des Lebensglücks beim Jüngeren abspielt. Ähnlich wird in der Bibel von zwei Schwestern gesprochen: Die ältere Martha ist die fleißige, pflichtbewusste, verantwortungsvolle, sachlich sorgende Schwester. Während sie sich mit vielen Diensten plagt, setzt sich die jüngere Maria Jesus zu Füßen und hört ihm zu. Wie gewohnt bemüht sich Martha, ihre jüngere Schwester zu erziehen. Aus diesem Grunde verpetzt sie diese bei Jesus. »Herr, kümmert es dich nicht, dass meine Schwester mich allein dienen lässt? Sag ihr doch, dass sie mit mir zufasst.« Doch Jesus deutet Marias Verhalten nicht in Marthas Sinne als Faulheit, sondern als »den gewählten guten Teil, der ihr nicht genommen werden soll«.

Genauso entsetzt war auch der erstgeborene Bruder, als sein jüngerer Bruder, der das Erbe nicht schätzte, sondern heillos verschleuderte und deshalb verloren ging, nach seiner Reue vom Vater liebevoll in den Arm genommen wurde. Wenn wir die Bibel aufschlagen, fällt auf, dass das Problem der Erstgeborenen zum Vorzeichen der ganzen Menschheitsgeschichte gesetzt wurde: Kain, das erste Kind von Adam und Eva, und der zweitgeborene Abel. Der Entwurf des Urdramas, ein prägendes Muster: Ein Kind wird weniger als das andere geliebt, obwohl es sich bei den Eltern um Anerkennung bemüht. Es plagt sich mit dem Schmerz des Unrechts und der Eifersucht, und die Eltern scheinen den Schmerz gar nicht wahrzunehmen. Obwohl jeder von den beiden nach seinen Möglichkeiten ein Opfer darbringt – Kain opfert als Ackerbauer von den Früchten des Feldes und Abel als Schafhirt das Fett von den Erstlingen seiner Herde –, »schaute Jahwe gnädig auf Abel und sein Opfer. Auf Kain und sein Opfer aber schaute er nicht. Deshalb wurde Kain sehr zornig.« Als er dann auch noch von Jahwe getadelt wird, nimmt Kain den bevorzugten Rivalen Abel aufs Feld mit und tötet ihn. Von Jahwe wird er verflucht und vertrieben. Er muss jedoch nicht mit dem eigenen Tode sühnen, wie es die alttestamentarische Ordnung und das normale Gerechtigkeitsgefühl nahe legen würden. Jahwe entscheidet völlig anders: Kain darf von niemandem getötet werden. Um von jedem erkannt zu werden und damit ihn nicht jeder, der ihn fände, töte, bekommt Kain stattdessen auf die Stirn ein Merkmal als Schutzmarke. So soll er »unstet und flüchtig auf Erden sein«, im Grunde eine lebenslängliche Plage. Unmittelbar darauf folgt jedoch das Kapitel über den reichen Kindersegen, über die Nachkommenschaft Kains. Nicht nur die Mörder stammen von ihm ab, auch die tüchtigen Erz- und Eisenschmiede und die sanften Zither- und Flötenspieler. So beschreibt das Alte Testament den segensreichen Weg Kains Urenkel. Er wurde einer unserer Stammväter, nicht Abel, der kinderlos starb. Wir sind

Nachkommen von Kain und seiner noch später geborenen Geschwister. Besonders durch Kain wird der Weg der irdischen Mühsal nachvollzogen, der den Menschen bei der Verbannung aus dem Paradies zugleich als Pfad zur Erlösung ausgewiesen wurde. Seit Kain wird dann jede Familie ein erstgeborenes Kind bekommen.

Welches besondere Schicksal haben nun die Erstgeborenen? So wie jede Position in der Geschwisterreihe hat auch die des Erstgeborenen ihre spezifischen Vor- und Nachteile. Kain selbst ist das beeindruckendste Beispiel dafür. An ihm offenbart sich nämlich die Gnade: Die Krisen werden zu Chancen.

Die Vor- und Nachteile treten zwar bei jedem Erstgeborenen auf, allerdings nicht in gleichem Maße. Ich möchte das Plus und Minus nicht messen und werten. Vielmehr möchte ich die vorgeschaufelten Energiebahnen, die typischen Tendenzen betrachten, um den Eltern ihre Einsicht für ihr erstgeborenes Kind zu verfeinern und diesem Kind unnötige Plage zu ersparen. Es geht mir dabei nicht darum, das Kind vor Krisen zu schützen, sofern sie in eine Chance verwandelt werden können. Unter der unnötigen Plage meine ich Störungen, die zum lebenslänglichem Tragen von Scheuklappen führen und das Reifen der eigenen Identität verhindern.

Das Lob der Geschwistergruppe

Geschwister haben den großen Vorteil, ihre ganze Kindheit hindurch in den Genuss zu kommen, miteinander soziale Verhaltensweisen zu trainieren. (Einzelkinder können dies nur mit Kindern aus anderen Familien praktizieren.) Je nachdem, an welcher Stelle sie geboren sind, lernen sie, sich dem anderen anzupassen, sich gegen ihn zu behaupten, ihn zu erdulden, mit ihm zu teilen, Schläge zu erleiden, aber auch sich zu wehren, gegen ihn oder auch mit ihm gegen gemeinsame Feinde zu kämpfen, sich hinter ihm zu verstecken oder ihn zu vertreten und zu verteidigen, sich mit ihm zu solidarisieren. Sie lernen, die eigene Stelle in der Rangordnung mit allem Drum und Dran anzunehmen und eigene Strategien zur Selbstbehauptung zu entwickeln. Dabei wird die eigene Kraft gefördert, denn die Eltern sind nicht immer dabei. So muss jedes Kind schauen, wie es sich verhält, wenn es sein Bruder piesackt. Es muss die Nächte durchstehen, wenn im Nebenbett das Geschwister in seinen wilden Träumen um sich schlägt. Niemand unterstützt den Erstgeborenen dabei ausreichend, wenn die kleineren Geschwister viel mehr Aufmerksamkeit bekommen als er selbst und er sich dadurch benachteiligt fühlt. Er muss seinen eigenen Weg finden, um ebenfalls Bestätigung zu bekommen. Und obwohl sie ihren Bruder nicht mag, spielt seine Schwester vielleicht mit ihm »Mensch ärgere dich nicht«, an einem verregneten Sonntag sogar stundenlang. Wenn die Eltern immer noch nicht zu Hause sind und die kleine Schwester weint, schlüpft der ältere Bruder vielleicht in die Rolle seiner Eltern und lenkt die Schwester irgendwie ab, tröstet sie und findet für sie in der Schublade Gummibärchen.

Dieses soziale Training ist durch nichts zu ersetzen. Ein Ferienlager für ein Einzelkind ist nur ein kleiner Ersatz. Es lernt hier zwar ein gemeinsames Zelt zu teilen und auch die Decke in kalten Nächten und die Kekse mit den anderen, aber das Kostbarste, nämlich die Eltern, muss es nicht teilen. Das Miteinander, das die Geschwister jahrelang üben müssen, ist damit nicht vergleichbar, denn nach dem Ferienlager kann das Einzelkind wieder aufatmen und alles für sich genießen.

Geschwister können das ganze Leben lang von der gemachten Erfahrung profitieren. Sie übertragen das Gelernte auf die Partnerwahl, auf die Ehe, auf die Erziehung der eigenen Kinder sowie auf den Arbeitsplatz. Gelernt ist gelernt. Was das Hänschen gelernt hat, wird der Hans so schnell nicht vergessen. Jedoch nicht nur die positiven Erfahrungen, sondern auch die negativen.

Den prägendsten Einfluss hat natürlich die eigene Geschwisterposition. Frank Sulloway hat sich damit ausführlich in seinem Buch *Der Rebell der Familie* befasst. Besondere Aufmerksamkeit schenkt er dabei den Spätgeborenen. Doch weil diese im Vergleich zu den Erstgeborenen untersucht werden, erfahren wir auch über sie viel Interessantes. Sulloway stellt fest, dass »der Einfluss der Geburtenfolge auf die Persönlichkeitseigenschaften fünfmal bis zehnmal größer ist als auf die akademischen Leistungen und auf den Intelligenzquotienten« (S. 93). Konkret wirkt sich das so aus, dass die Erstgeborenenen häufig tüchtiger als die Spätgeborenen sind, ohne dass sie dies einem höheren IQ zu verdanken haben, und dass manche Spätgeborenen es im Leben deshalb nicht weit bringen, weil sie dümmer wären, sondern weil sie sich nicht anstrengen. Ferner sagt der Autor, »dass der Einfluss der Geburtenfolge auf geschlechtsspezifische Charakteristika um etwa zwei Drittel stärker ist als der Einfluss der Geschlechtszugehörigkeit selbst«. Dies wirkt sich beispielsweise so aus, dass in allen Geschwisterpaaren die Erstgeborenen meist »männlicher« im Sinne von Dominanz, Aggression und Ehrgeiz sind. Dies gilt nicht nur für Brüder von Brüdern und für Brüder von Schwestern, sondern sogar für erstgeborene Schwestern von Brüdern. Die jüngeren Brüder von Schwestern wirken dagegen oft »weichlich« (S. 96 f.).

Manchen Leser mag es stutzig machen, dass Sulloway von typisch männlichen Verhaltensweisen spricht. Er kann sich dies trauen, auch wenn diejenigen, die die Geschlechter gleichschalten möchten, damit ihre Probleme haben. Doch wissenschaftlich gesicherte Quellen zeigen, dass auch Primaten in ihren Geschwistergruppen zu ähnlichen Verhaltensweisen neigen. Die erstgeborenen Alpha-Männchen in Primatengruppen trachten nach Status und Macht und sind dementsprechend dominant, aggressiv, ehrgeizig und eifersüchtig. Unter diesem Druck neigen wiederum die jüngeren Primatengeschwister zu Rebellion, aber auch zu Anpassung und Unterwerfung.

Hier wird schon deutlich, dass die Persönlichkeit innerhalb der Familie, aber auch durch Beziehungen zu anderen geformt wird und darüber hinaus noch von vielen weiteren Umständen abhängt. Die Veranlagung zu einem bestimmten Typus bringt die Seele bereits mit. Und ob ein Kind in einer bedrohlichen Lage mit Angriff oder Flucht reagiert, hängt auch von seinem Temperament und von seinem Mut ab. Die extrovertierten Kinder, die mit ihrer Energie nach außen gehen und für viele Kontakte offen sind, tendieren eher zur Beherrschung der anderen und auch zur Aggression. Dagegen gehen die introvertierten Kinder mit ihrer Energie nach innen, sie brauchen kein großes Publikum, sondern einige wenige, dafür tiefe Bindungen. Wenn diese scheitern, weil beispielsweise die Mutter ein zweites Kind auf die Welt bringt, neigt das introvertierte Kind viel mehr zum Rückzug, ja sogar zur Depression. Auch Altersunterschiede, Begabungen und Behinderungen, besonders die Vorliebe der Mutter oder des Vaters für ein besonderes Kind, Verstrickungen im familiären System und noch vieles andere bilden das Netzwerk, das die Persönlichkeiten der einzelnen Geschwister und ihre Beziehungen zueinander formt.

Gelobt seien aber auch alle Krisen, die der Mensch durchsteht! Wenn man niemals ins Dunkle gerät, schätzt man auch das Licht nicht. So wie nach jeder Nacht ein neuer Tag kommt und man erst dann einatmen kann, wenn man ausgeatmet hat, so haben alle Krisen, die der Mensch in seinen familiären Beziehungen erlebt, einen Sinn. An jedem Leid kann der Mensch reifen.

Meine Schwester und ich

Um die Lage der Erstgeborenen von allen Seiten zu beleuchten, zünde ich das erste Licht in meinem eigenen Elternhaus an. Ich bin die zweite von zwei Schwestern. Meine Schwester Maruška galt immer als die geniale, schöne, geschickte, sie war der Star. Diese Adjektive sind nicht sarkastisch gefärbt. Sie strahlte wirklich eine hohe Intelligenz aus. Mit knapp vier Jahren konnte sie lesen und mit fünf Jahren dichtete sie. Und sie war nicht nur hübsch, sondern mit ihrem madonnenhaften Gesicht tatsächlich wunderschön. Als meine Mutter drei Jahre nach ihrer Geburt zum Schlachtfest in ihr Elternhaus kam, sagte ihr ihr Vater, ein Bauer, der bei den Nachbarn wegen seines siebten Sinnes bekannt war, im Vorbeigehen, dass sie um den Tag des heiligen Wenzeslaus ein zweites Kind bekommen werde. Es könne aber nicht auf den Namen seines Patrons getauft werden, weil es ein Mädchen werde. Meine Mutter war wegen der Schwangerschaft, von der sie noch keine Ahnung hatte, überglücklich. Da sie aber mit dem prophezeiten Geschlecht des zweiten Kindes unzufrieden war, nahm sie ihren Vater lieber nicht ernst. Nach knapp neun Monaten gebar sie jedoch nicht den sehnlichst erhofften

Sohn, sondern eben das prophezeite Mädchen. Ein dickes, verschwitztes Kind mit Gesichtszügen, die ihren eigenen, die sie an sich selbst nicht besonders mochte, ähnelten.

Die Erstgeborene aus der Sicht der Jüngeren

Wer mich kennt, würde es nicht glauben. Ich war ein scheues, ängstliches Kind, sprachgehemmt, fresssüchtig, bis zum Schulalter vom Schnuller abhängig, und auch autistische Züge waren bei mir unverkennbar. Wenn mir ein solches Kind, wie ich es früher war, vorgestellt würde, würde ich seiner Mutter dringendst anraten, sich an den nächsten Psychologen zu wenden. Meine ersten Erinnerungen tauchen unter dem Weihnachtsbaum auf. Ich war damals etwa zwei Jahre alt. Von meiner Familie, die im Nebenzimmer am Esstisch laut lachend feierte, hatte ich mich zurückgezogen ins Eck des Schlafzimmers unter die dunklen Äste des Weihnachtsbaumes. Die glitzernden Kugeln faszinierten mich. Ich griff nach einer und steckte sie in den Mund. Mein Genuss war aber nicht von langer Dauer. Plötzlich umgaben mich viele große Menschen und zogen die Splitter aus meinem Munde heraus. Das sirenenhafte Heulen meiner Schwester ertönte im Hintergrund. Auch eine andere Situation erinnere ich lebhaft: Im Schlafzimmer meiner Eltern gab es eine breite Fensterbank. Hier trieb ich eine Fliege nach der anderen in die Ecke, zerdrückte sie und steckte sie in den Mund. Meist setzte Maruškas hohe, schneidende Stimme meinem stillen Vergnügen ein Ende. Denn dadurch gerufen, eilte unsere Mutter aus der Küche zu mir und zerrte mich von der Fensterbank herunter. Eine panische Angst ergriff mich einmal auf der Steinmauer des Gartens meiner Großeltern, auf die mich jemand, wohl meine Mutter, vielleicht sogar auf meinen eigenen Wunsch, hinaufgestellt hatte. Von hier aus waren die Lastzüge so herrlich zu sehen, wie sie von der Ferne pfeifend in die andere Richtung sausten. Meine Mutter stand unterhalb der Mauer, umgeben von vielen Verwandten. Eine fröhliche Gruppe, die nach einem guten Sonntagsessen im Garten Luft schnappte. Die Gruppe drehte sich zur Rückkehr um und auch ich wollte mit, aber ich traute mir den Sprung nicht zu, den vor mir Maruška machte. Meine Mutter streckte mir ihre Arme mit liebevollem Lächeln entgegen, um mir den Sprung von der Mauer zu erleichtern, aber meine Angst wurde noch größer. Ich schrie panisch und zitterte. Alle schauten mich lachend an. Auch Maruška. »Sie ist klein! Sie ist klein! Sie kann es nicht!«, rief sie. Und da stand ich zitternd, mit einem Gefühl, inmitten der Leute ausgesetzt und für alle Zeiten verloren zu sein.

Eine Angst folgte der anderen. Maruška erzählte mir von einem herrlichen Vöglein, welches im märchenhaften Wald auf die kleine Jirina wartet, ihr mit süßer Stimme entgegensingt, sobald Jirina es aber streicheln möchte, verwandelt sich das schöne Vöglein in eine hässliche Hexe, von der Jirina gefangen wird. Damit endete das Märchen. Kein Happyend. Ein anderes Hexenspiel trieb sie mit mir auf folgende Weise: Ich musste mich mit meinem Rücken gegen ihren Bauch lehnen und im Gleichschritt mit ihr nach vorne gehen, wobei sie mir im Rhythmus unserer Schritte eine Beschwörungsformel skandierte, nach der nun das Jirinchen keinen anderen Weg als den ins Dunkle gehen muss, wo sie von Hexen aufgefressen wird. Entfliehen konnte ich ihr nicht, denn sie hielt mich mit ihren starken Händen an den Schultern fest und dirigierte somit meinen Weg in den Untergang. Wenn ich vor Angst außer mir war, dann umarmte sie mich barmherzig und beteuerte, dass sie mich vor den Hexen erretten würde. Auch gestattete sie mir nicht auszuweichen, wenn sie mich zum Spielen nach ihrer Art anleitete oder mit mir Schule spielte und mir unter Strenge und Ungeduld den Unterrichtsstoff für die ersten Klassen der Volksschule einhämmerte, obwohl ich noch keine sechs Jahre alt war. Niemand schützte mich davor. Im Gegenteil! Maruška wurde gelobt, dass sie sich um meine Bildung sorgte. Alle bewunderten die Lehrbücher und Zeitschriften, die sie für mich gestaltete, und hielten ihr Bestehen auf meiner Dankbarkeit und Begeisterung für berechtigt. Ein saures Gesicht, eine Verweigerung oder irgendeine Form von Widerstand hätte ich mir nie erlaubt. Sie strafte mich nie mit Schlägen; leichte Rippenstöße, ihr entsetztes Gesicht, wenn ich etwas nicht begreifen konnte – und das geschah oft –, ihr strenger Blick, wenn ich nicht aufpasste, genügten zu meinem steten Gehorsam. Um meiner Rolle zu entsprechen, log ich auch. Wenn Maruška darauf bestand, dass ich mit meinen neun Jahren immer noch glauben sollte, dass der Weihnachtsbaum von Engelein geschmückt wird und dass die silbernen Ketten vom Himmel kommen und nicht aus der Schachtel, in der ich sie noch am Tag zuvor gesehen hatte, tat ich, als wenn ich es wirklich glaubte. Sonst hätte ich ihr die Freude verdorben. Und das kam einer Todsünde gleich. Ich passte mich ihr schon wegen unserer Mutter an. Sie freute sich, mit welchem Eifer und mit welcher Klugheit mich Maruška lehrte und dass ich von ihr so viel lernte. Es tat mir nicht weh, für die Dümmere gehalten zu werden.

Nicht einmal im Traum wäre mir eingefallen, dass ich den Sternenhimmel, an dem Maruška für die ganze Verwandtschaft glänzte, selbst erreichen könnte. Mein einziges Bestreben war, meine Mutter nicht zu enttäuschen, sie mit mir zufrieden zu machen, ihre Liebe zu mir nicht zu riskieren. Es war mir nämlich durchaus bewusst, dass ich im Vergleich zu Maruška nicht nur die weniger begabte und weniger hübsche Tochter war, sondern dass ich von unserer Mutter und vielleicht auch vom Vater weniger als Maruška geliebt wurde. Das war mein Schmerz und meine Plage. Als ich mich einmal traute, meine Mutter zu fragen, ob sie mich weniger liebe, antwortete sie mit ihrem Galgenhumor: »Du bist gar nicht unser Kind, du Einfaltspinselchen. Zigeuner haben dich abgelegt und wir haben dich gefunden.« Ich glaubte ihr.

Doch fand ich Wege, wie ich in den Genuss der Liebe und des Trostes kam. Wenn ich krank war, gehörte die Mutter mir, vor allem auch in den Nächten. Da merkte ich dann, dass ich ihr doch sehr wichtig war. Besorgt und einfühlsam forschend, wo es mir wehtue, ob die Fußsohlen oder die Stirn heißer wären, nahm sie mich in ihr Bett, tröstete, liebkoste, pflegte mich und wiegte mich in den Schlaf hinein. Und als ich mit einem Hustenanfall aufwachte, war sie wieder sofort für mich da. Am geborgensten fühlte ich mich bei meinen Mittelohrentzündungen. Damit sie mir etwas ins Ohr tropfen konnte, hatte meine Mutter meinen Kopf auf ihren Schoß gelegt und so lange sanft und warm gehalten, bis der Schmerz milder wurde. Auf diese Art und Weise war ich endlich alleine mit meiner Mutter. Von Maruška keine Spur mehr. Glücklicherweise waren meine Mittelohrentzündungen chronisch.

Mein besonders guter Freund war mein Schnuller. Nur

je älter ich wurde, desto weniger konnte ihn meine Mutter sehen, bis sie mir den letzten Schnuller, als ich sechs Jahre alt war, in den Müll warf. Ihre Begründung war eindeutig: Du bist kein Kleinkind mehr, bei einer Sechsjährigen gehört sich kein Schnuller mehr, schämst du dich denn nicht? Aber das leidenschaftliche Verlangen nach dem Lutschen war durch Verbote nicht zu beheben. Aufgrund des Tadels fühlte ich mich schließlich noch weniger geliebt und die Sehnsucht nach dem geliebten Ersatz wuchs in mir. Ich musste hinter dem Rücken der Mutter zu einem Schnuller kommen. Damals war ich schon so groß, dass ich mir das Geld, Heller für Heller, sparen konnte. Meine Rettung war eine Glasdose, die mit hellblauen und rosa Schnullern gefüllt auf der Theke des Lebensmittelladens in Postrelmov stand, dem Dorf, aus dem unsere Mutter stammte und wo wir alle Sommerferien verbrachten. Endlich war es so weit! Bei der ersten Gelegenheit, als ich mich von niemandem beobachtet fühlte, rannte ich mit meinem Geld in den Laden. Zu meiner Erleichterung stand die Glasdose immer noch da. »Den da möchte ich«, zeigte ich auf einen hellblauen Schnuller. »Für wen kaufst du den Schnuller?«, fragte der Kaufmann. Aus Angst, dass er mir den Kauf verweigern würde, log ich: »Wir haben ein Kind bekommen.« – »Ach wirklich? Das habe ich gar nicht mitgekriegt. Also seid ihr jetzt drei. Nochmals ein Schwesterchen oder ein Brüderchen?«, fragte er und mir wurde auf einmal klar, dass er meine Eltern kannte und ich den Schnuller daher nur mit fortgesetztem Lügen retten konnte. »Einen Jungen«, brach aus mir der langjährige Wunsch, lieber ein Junge zu sein, heraus. Ich schnappte nach meinem blauen Vergnügen und lief gleich zu den Treppen, die zu einem Bach führten, da mich dort niemand sehen konnte. Mein stilles

Glück dauerte jedoch nicht lange. Am Sonntag nach dem Gottesdienst wartete der Kaufmann vor der Kirche auf meine Mutter, um ihr zu dem Sohn, den sie sich so sehnlichst wünschte, zu gratulieren. Das war der letzte Tag meiner Schnullersucht. Und der Entzug war sehr schmerzhaft. Mein Hintern und meine Seele bekamen heftige Schläge. Bestraft wurde ich für die Lügen, für die krummen Geschäfte hinter dem Rücken meiner Mutter, für den Schnuller, für das Bloßstellen meiner Mutter und dafür, dass ich ein Mädchen war. Das Schlimmste an der Bestrafung war, dass meine Mutter mit mir tagelang nicht sprach, mich nicht sah. Diesmal schloss sich ihr auch Maruška an. Sie spielte nicht mehr mit mir. In meiner Verbannung tat auch das weh. Etwa ab diesem Vorfall fing Maruška an, an meiner Umerziehbarkeit zu zweifeln und mich für ein kriminelles Element zu halten. Wer lügt, der stiehlt auch.

Die beiden, meine Mutter und ihr erstgeborenes Töchterchen, hielten zusammen. Ein Dritter hatte hier keinen Platz. Nicht einmal mein Vater. Ein bohemehafter Architekt mit weichem Herz. Es kümmerte ihn nicht, in welche Klasse wir gingen, welche Schulnote wir bekamen. Er freute sich ganz einfach, dass er eine Frau und zwei Töchter hatte, dass er für sie ein Haus baute, dass er von dort aus in seine Weinstube und zu seiner Skatgesellschaft und jeden Morgen für einige Stunden in den Garten zum Meditieren hinausgehen konnte. Meinem Vater hielt ich immer die Stange, aber er schien dies gar nicht zu bemerken. Meiner Mutter blieb unsere Seelenverwandtschaft jedoch nicht verborgen. »Du hast den Gesichtsausdruck von mir bekommen, den Charakter aber von deinem Vater«, pflegte sie zu sagen. Damit sagte sie alles: Ihren Gesichtsausdruck, der oft depressiv war, mochte sie nicht. Und genauso mochte sie auch den Charakter ihre Mannes nicht. Was liebte sie also an mir?

Ich musste meinen Weg alleine gehen und mir selbst jemanden suchen, der in mir nicht den Bösewicht oder ein eigenartiges Wesen sah. Einige Versuche scheiterten kläglich und ich landete auf diesen Wegen manchesmal im Sumpf. Einer dieser Wege führte in die Küche zu unserem Dienstmädchen. Eine alte Jungfer, naiv, einfältig, die immerhin merkte, wem in unserer Familie der Weizen blühte. Endlich also bekam ich bestätigt, dass ich mir meine Benachteiligung nicht einbildete. Ich fühlte mich mit dieser Fanyna verbunden. Sie war genauso ein armes Schweinchen wie ich. Ich begann mich mit ihr, ihren Brüdern, die bei meinem Vater als Maurer arbeiteten, und mit ihren Neffen und Nichten, mit denen ich die ganze Kindheit lang auf dem Hof spielte, zu solidarisieren. Zwar mussten wir nach dem Spielplan von Maruška spielen, aber zwischendurch durften wir unseren eigenen Ideen nachgehen. Unsere größte Chance ergab sich, als Maruška als Gymnasiastin ihre eigenen Freundinnen hatte, private Englisch- und Französischstunden nahm und ins Ballett ging. (Im Rahmen meiner Selbsterkennung prüfte ich mich, ob ich mir nicht manches in selbstquälerischer Art einbildete. Dieser Verdacht löste sich endgültig auf, als ich mich nach sechzig Jahren mit meinen damaligen Spielkameraden traf. »Du warst immer das Kind der zweiten Klasse wie wir auch«, freuten sie sich spontan an mir, ohne dass ich danach fragte.) Das Mitfühlen mit den Leidensgenossen hätte mich beinahe zur kommunistischen Besinnung geführt. Jedenfalls lernte ich gewöhnliche, kleine Leute lieben und achten. Und das war gut. Irgendwo in einem hellen Eck meines Herzens spürte ich jedoch, dass die Solidarität mit Fanyna keine gute Lösung für mich war. Zu dieser Erkenntnis kam ich unabhängig von meiner Mutter, deren psychologischem Blick nicht entging, wie mich Fanyna gegen sie aufbrachte. Ich wollte doch meine Mutter für mich gewinnen. Die Mutter, die ich mehr liebte als sie mich, wie ich meinte. Also suchte ich nach den Türen zu ihren Räumen, in denen sie mich in meiner Eigenartigkeit erkannte. Das gelang mir zuverlässig, wenn ich ihr half. »Niemand kann so fein spüren wie du, dass es mir schlecht geht, obwohl ich lache ... Niemand kann mit solcher Sanftheit wie du den kalten Umschlag auf meine Stirn legen, wenn ich Migräne habe«, diese Worte wollte ich immer wieder hören. Als wir im Krieg in wirtschaftliche Not gerieten und Fanyna entlassen mussten, übernahm ich für meine Mutter alle dreckigen und schweren Arbeiten im Haushalt, vom Leeren der Senkgrube und dem Jauchen bis hin zum Schrubben der Parkettböden. Maruška dagegen beschränkte sich auf die feinen Arbeiten wie etwa das Verzieren von Gebäck. Das störte mich nicht. Das tüchtige Helfen war mein ganzer Stolz. Auf dem Bauernhof meines Onkels wurde ich von allen bewundert als das Mädchen, das vor keiner Arbeit zurückschreckt, das anpackt und bereit ist, mit zwölf Jahren die ganzen Sommerferien als Landarbeiterin zu schuften. (Übrigens profitiere ich bis heute davon.)

Durch die unterschiedlichen Interessen haben Maruška und ich uns auseinander entwickelt. Ich versuchte, mich lieber nicht für das gleiche wie sie zu interessieren, sonst hätte ich mich wieder ihrer Bevormundung ausliefern und mit ihr rivalisieren müssen. Das Rivalisieren machte mir übrigens keinen Spaß, weil ich wegen ihrer Intelligenz keine Chancen auf Erfolg hatte. Ich musste mich also jenen Bereichen widmen, die Maruška mied. Die Pfadfinder, das Theaterspielen, das Klavierspiel, die Poesie, der Operngesang, Philosophieren und Psychologisieren waren Welten, die sich mir einladend geöffnet haben. Logischerweise konnte ich nicht Medizin studieren, obwohl ich es aufgrund meines Helfersyndroms am liebsten getan hätte, da meine Schwester Medizin studierte. So blieb mir also die Psychologie. Das Gefühl, benachteiligt zu sein, schmerzte immer weniger, je mehr ich auf eigenen Füßen stand und mein eigenes Selbstwertgefühl gewann. So nahm ich es als gegeben hin, schon im Hinblick auf die finanziellen Möglichkeiten meiner Eltern, dass wir beide nicht immer die gleichen Kleider bekommen konnten, sondern dass meiner Schwester Vorschub geleistet wurde. Für den Eintritt ins Gymnasium bekam sie ein schönes gesticktes Kleid, während für mich als Grundschülerin die von meiner Schwester geerbten Kleider noch gut waren. Auch für die Tanzstunden bekam sie alles neu, was ich später erbte. Und als sie nach Prag an die Uni ging und wiederum neu ausgestattet wurde, war mir dies bereits vollkommen gleichgültig. Da ich schon sechzehn war, suchte ich die Liebe außerhalb des Elternhauses und war mir darüber im Klaren, dass ich ganz anders als Maruška war. Darüber war ich jetzt sehr froh.

Nur nicht so wie Maruška! Nur nicht so wie die Mutter mit ihren konservativen Ansichten! Mein Anderssein ist richtig. Ich, ich, ich! Der Damm, der bis dahin meine Widerstände und meinen Zorn in Schranken hielt, brach. Mit der ganzen Dynamik des bis dahin gehemmten Temperaments, des unterdrückten Willens, des erniedrigten Selbstbewusstseins brach der Damm, und der angestaute Strom nahm die stillen Ufer mit sich, riss die dünn verwurzelten Gebüsche und hin und wieder auch Felsen herunter und floss vorwärts. Die großen Phasen des Widerstands, in denen sich die Identität des Ichs bewusst wird, sollen unter dem Schutz des Elternhauses gelebt werden, daher setzt sich das widerspenstige Hänschen klein in der großen, unüberschaubaren Welt manchen Gefahren aus. Ohne Regulation hätte der stürmische Fluss auch in eine tiefe Schlucht geraten können. Glücklicherweise wirkte aber das früh von meiner Mutter verankerte Gewissen. Durch sie lernte ich das Gute vom Bösen zu unterscheiden. Und all die Jahre konnte ich mein Überlebensprogramm trainieren: Ich hatte Übung, Frustrationen hinzunehmen und Niederlagen einzustecken. In harten Zeiten konnte ich durchhalten. So wie bei anderen benachteiligten Kindern wurde meine Beobachtungs- und Selbstbeobachtungsfähigkeit gründlich geschult, vor allem auch mein Verständnis für soziale Zusammenhänge. Ich erkannte, dass nichts unnötig war. Jede Kurve des Flusses, jede Wolke, die sich in ihr spiegelte, jedes Fischlein, das hier kreiste, hatte einen Sinn. An dem mir noch unbekannten Meer, in das mein Fluss mündete, hatte ich nie Zweifel. Selbst in den schlimmsten Zeiten verließ mich das Wissen um das allermächtigste und allergütigste Göttliche, das die Liebe selbst ist, nicht. Dies betrachte ich für den größten Reichtum, den mir meine Mutter mit auf den Weg gab. Der Glauben wog für mich immer mehr als Häuser, Bankkonten oder akademische Titel. Mit der Leichtigkeit eines kosmischen Abenteurers konnte ich jedes Unheil und jedes Pech mit Zuversicht, ja mit Humor hinnehmen. Ich wusste ja, dass ich nicht tiefer als in seinen Arm fallen kann.

Je heimischer ich mich in der höheren Dimension fühlte, meinen irdischen Auftrag mit Lust und Wonne füllte und dabei viele Freunde fand, umso weniger interessierte ich mich für meine Schwester. Unsere Welten trennten sich. Vor meiner Flucht in den freien, dennoch für mich unsicheren Westen fragte sie mich, wohin ich nun überall in der Welt reisen würde, während sie sich hinter dem nun wieder zugezogenen kalten Vorhang nur eingeschränkt in den osteuropäischen Ländern bewegen konnte. Meine Antwort war: »Ich werde nach wie vor die Reise nach innen wagen.« Ich blieb in den springenden Wellen meines Bergflusses, sie hat Gefallen in ihrem Teich gefunden. Ihr Teich war ihr ganzes Leben lang ohne große Höhen und Tiefen, ausgeglichen, ruhig und bequem. Sie wurde eine gute Ärztin, geachtet aufgrund ihres Wissens, aber auch wegen ihrer liebevollen Art, mit ihren Patienten umzugehen. Sie heiratete einen treuen Mann, der sie stets mit Liebe und Bewunderung umgab, und bekam zwei wunderbare Kinder, eine Tochter und einen Sohn. Auf diese Gaben musste ich verzichten. Dennoch verspürte ich keine Spur von Eifersucht, Neid oder Trauer. Besser gesagt wollte ich diese Gefühle nicht mehr. Dessen war ich schon satt. Meine Kindheit hätte ich nie wiederholen wollen, aber ich habe sie hingenommen, wie eine kleine Glockenblume in den Bergen den Spalt zwischen den Steinen zum Einlassen ihrer Wurzeln annimmt. Auch wenn ihre Wurzeln dünn sind, strotzt ihre Blüte von Klarheit in der Form und von der Fülle ihres Blaus. Ich gewann doch das Unerwartete. Obwohl niemand, weder Maruška noch meine Mutter oder die ganze Verwandtschaft, damit gerechnet hätte, dass ich es zu mehr als einer Schneiderin oder einer Postbeamtin bringen würde, bin ich eine bekannte Psychologin für Diagnose und Therapie geworden, eine Koryphäe für die Festhaltetherapie, eine gefragte Rednerin bei Kongressen, Bestsellerautorin und und und. Ja und eine edle Spenderin bin ich auch noch, besonders für meinen Verein, dessen erste Präsidentin ich bin. Und nicht nur das, liebe Schwester, sogar deine Kinder können sich dies und jenes kaufen dank meiner finanziellen Spritzen. Ätsch! Bei solchem Denken holte mich die Vergangenheit wieder ein. Die alten Minderwertigkeitsängste blitzen manchmal kurz auf, bleiben aber nicht mehr an mir hängen. Sie sind wie kleine Wolken, die an einem Hochsommertag rasch über den Himmel ziehen und die Sonne wieder voll erstrahlen lassen.

Wie meine Schwester ihre Geschwisterproblematik erlebte und ob sie überhaupt eine hatte, interessierte mich jahrzehntelang kein bisschen. »Ätzend, die älteren Geschwister«, dachte ich flüchtig, wenn ich Romane und Krankheitsgeschichten las, und hielt den Jüngeren die Stange. Immerhin bildete sich in mir aufgrund der vielen Informationen, die ich in meiner psychologischen Sprechstunde sammeln konnte, ein neues Bild der Erstgeborenen. Viele ähnelten meiner Schwester in ihrem Ehrgeiz, ihrem suchtartigen Groß-sein-Müssen und in der Unruhe, wenn die Situation unsicher war. Meine Problematik mit ihr war also nichts Besonderes. So konnte ich mit teilnehmender Neugierde zuhören, wenn mir von Eltern berichtet wurde, wie das erstgeborene Kind auf die Geburt des nächsten Brüderchens oder auf seine Expansionen in sein Spielreich reagierte, wie es sich depressiv in seine Traumwelt verschloss oder mit welcher mörderischen Wut es auf seinen kleinen Rivalen losging. Ach, ob es Maruška mit mir ähnlich erging? Schritt für Schritt konnte ich Maruškas Situation sachlich reflektieren. Das Bild der Erstgeborenen veränderte sich durch die Brille der Behindertenproblematik noch einmal drastisch. Eben dort, wo das Erstgeborene behindert war und sich von dem jüngeren Geschwister schmerzlich überholen lassen musste, musste ich keinen Vergleich zu meiner superintelligenten Schwester machen und konnte mich frei in die Situation einfühlen. Mir leuchtete ein, dass das erstgeborene Behinderte seine bisher gewonnenen Sicherheiten aufgeben musste und dass dieser Verlust für die Veränderung seines Wohlbefindens und seines Verhaltens verantwortlich war. Ob auch Maruška um ihre gewonnenen Sicherheiten zittern musste, als ich auf die Welt kam? Überholt habe ich sie während der Kindheit und in mancher Hinsicht bis heute nicht. Verloren hat sie eigentlich nur ihre Hoheitsstellung als Einzelkind, meinte ich. (Schon wieder die banale Deutung der Entthronung mit leichtem Giftgeschmack des Neides. Einzelkind war ich ja nie!) Verlust ist allerdings Verlust. Sicherlich mit Folgen, anders geht es ja nicht. Ängste, ein Trauma oder ein Gewinn? Immerhin keimte allmählich meine Bereitschaft, Maruškas Lage nicht mehr zu verharmlosen, sondern zu begreifen.

Noch breiter machte sich mein Herz, als ich den tiefen Schmerz der Erstgeborenen bei der Festhaltetherapie miterleiden konnte. Eine unvergessliche Erfahrung, die mir zum Schlüsselerlebnis wurde, machte ich bei einem therapeutischen Seminar. Die Eltern stellten ihren fünfjährigen Sohn Marco wegen seiner tyrannischen Verhaltensweisen vor. Von klein auf habe er mit seiner Unruhe, seinen Einschlafproblemen und seiner Essensverweigerung vermehrte Aufmerksamkeit gefordert. Wegen einer leichten Muskelhypotonie musste man mit ihm zunächst zur Krankengymnastik, später zur Beschäftigungstherapie gehen. Als er im Kindergarten aufgrund seiner körperlichen Ungeschicklichkeit als einer der Schwächsten abschnitt und nicht im Mittelpunkt stand, brachen seine brutalen Aggressionen aus. Auch in der Familie war er widerspenstig wie nie zuvor. Früher habe er in dieser und jener Hinsicht seinem um fünf Jahre älteren Bruder Tim nachgeeifert, selbst zu ihm aber scheine er den Respekt verloren zu haben. Auch ihn greife er an, so dass sich Tim vor ihm lieber in sein Zimmer zu seinen Lexika und Jules-Vernes-Romanen zurückziehe. Umso mehr tyrannisiere Marco seine Mutter. So verlange er, dass sie ihm täglich Schokoladenpudding koche, und mache jedes Mal ein hysterisches Theater, wenn der Pudding kalt serviert werde. »Typische Marotten eines kleinen Tyrannen, liebe Frau Prekop. Als wir ihr gleichnamiges Buch gelesen haben, haben wir unisono gesagt, ja genau! Unseren Marco hätten Sie als das typische Fallbeispiel für Ihr Buch nehmen können.« – Es stand außer Frage, dass der Konflikt zwischen Marco und seinen Eltern »auf die Matte« gehörte, wie es im Jargon der Festhaltetherapeuten heißt. Vorher jedoch wollten wir das System der Familie anschauen (das Familienstellen gehört mittlerweile zu unserem therapeutischen Konzept). Normalerweise lassen wir die Familie von den Eltern aufstellen. Diesmal sagte mir meine innere Stimme, dass ich den zehnjährigen Tim darum bitten sollte. Er tat es mit der Sicherheit eines Schachspielers, der einen klaren Überblick über die Konstellation der Figuren auf dem Brett hat. Aus der Gruppe der Seminarteilnehmer wählte er für jedes Mitglied seiner Familie einen Vertreter und stellte sie zueinander in Beziehung. Zwischen die Eltern stellte er Marco, ganz dicht zur Mutter, viel näher als zum Vater. Den Vertreter, den er für sich gewählt hatte, stellte er einige Meter von dieser Dreiergruppe weg, immerhin so, dass er seine Familie anschauen konnte. Das Bild war selbst für einen Laien leicht zu lesen: Ich bin zu weit von euch, meinen Platz bei euch habe ich an Marco verloren. Es stand für mich fest, dass ich zunächst für eine Annäherung der Eheleute sorgen musste, damit sich die bedeutsamste Lücke im System schloss. Damit aber gab ich Tim den Vorrang vor seinem Bruder. Der Konflikt zwischen den beiden musste ausgetragen und ausgesöhnt werden, der systemischen Ordnung nach musste Tim seine erste Stelle in der Geschwistergruppe bekommen. Weil ich einen anderen, schwereren Fall zu behandeln hatte, beauftragte ich mit der Anleitung des Festhaltens zwischen Tim und seiner Mutter eine jüngere Kollegin mit der Bitte, sich bei Bedarf an mich zu wenden. Sie brauchte mich wirklich. Schon über eine Stunde bemühe sie sich um eine emotionale Konfrontation, aber die beiden seien »nur im Kopf« und diskutierten unentwegt. Und wirklich. Ich setze mich zu den beiden auf die Matte und sehe, wie sie sich noch immer folgsam umarmen, sich anschauen und reden und reden und reden: »Wie kannst du nur meinen, Tim, dass ich dich weniger liebe als Marco?« – »Ja, ja, Mama, ich weiß, dass du mich auch liebst und nicht nur Marco. Er ist ja noch klein und braucht dich mehr.« – »Wie konntest du es bloß so aufstellen, Tim? Das hat mir so wehgetan!« – »O ja, Mama, ich sehe es ein. Es tut mir so Leid, dass ich dir wehgetan habe.« – »Wie kannst du bloß bezweifeln, dass ich dich liebe ...« So geht der Dialog hin und her wie auf einer Schaukel. Ohne Chance auf Auflösung. Ich erinnerte mich plötzlich an meine Mutter, die mit ähnlichen Sätzen meine Zweifel zu zerstreuen und meinen Schmerz zu verharmlosen versuchte, jedoch vergebens. »Unterbindet das Reden und schließt die Augen«, sage ich. »Spüre ohne Worte, was dein Herz sagt, Tim. Und wenn du den Schmerz fühlst, dann raus damit!« Tim schweigt. Nur sein Atem und seine zuckenden Augenlider verraten seine Aufregung. Lautlos ziehen dunkelgraue Wolken über seine Stirn hinweg wie über die Wasserfläche eines vergessenen Teichs. Im Augenwinkel glitzert ein Tropfen Tau. Ohne zu fallen. So in sich hinein weinen Märtyrer, edle Helden. »Du bist traurig, Tim«, mit diesen Worten versuche ich seinen Panzer zu lockern. »Weine dich aus, lass die Tränen fließen.« Aber Tim schweigt immer noch. Ich fordere ihn auf, mir nachzusprechen. »Sag es, Tim: Ich bin traurig.« Er wiederholt es. Folgsam, ohne Gefühl. »Sag es nochmals und dieses Mal lauter.« Mit der Lautstärke des Windes steigen die Wogen langsam hoch. Zu langsam, um an den Sturm und an den nachkommenden Regenbogen glauben zu können. Ich feuere Tim an, denn ich weiß, ohne den offen ausgedrückten Schmerz gelingen die emotionale Konfrontation und die Aussöhnung nicht. Ich suche Worte, die Tims Wunde aufreißen. »Es tut weh, es tut so weh, so unerträglich weh, sag es, Tim!« Er sagt es. Schon mit der zweiten Wiederholung macht sich der Schmerz selbständig. Er braucht keinen Anzapfer mehr. Der Damm bricht. Immer lauter schreit Tim: »Es tut weh, du tust mir weh, Mama, du tust mir so schrecklich weh. Am liebsten würde ich sterben. Ich muss doch gar nicht da sein. Niemand wird mich vermissen ...« Welch eine bodenlose Trauer! Auch meine Tränen fließen. An dieser Stelle fordere ich die Mutter auf, Tim anzuschauen und seinen Schmerz wahrzunehmen. Es erübrigt sich, ihr zu sagen, dass sie ihm nichts auszureden braucht. Tims Schmerz lässt sie spüren, was sie ihm schuldet. Wie sehr er sie vermisste und vermisst. Sie wendet sich ihm zu und überdeckt ihn mit Tränen der Reue und mit Küssen. »Du bist mein erstes Kind, mein einziger Erstgeborener, es tut mir so Leid, dass ich von deinem Schmerz nichts wusste. Ich liebe dich so sehr ... mein liebes Kind.« Die Sitzung mündet in die Liebe ein. Tim ruht glücklich in der Halskuhle seiner Mama und flüstert ihr zu: »Ich habe dich so vermisst, Mama! Halte mich noch länger so!«

Dieses Ergebnis war mir nicht neu. Von neuem aber wurde ich durch diesen besonderen Schmerz ergriffen. Wo war die geballte Wut, die ich bei verletzten Kindern sonst gewohnt bin? Und weiß Gott, Tim hätte auf seinen Zorn, seinen heiligen Zorn, ein Anrecht. Nur Trauer und nichts als Trauer, als wenn ein Mensch nach langen Qualen alleine sterben muss. Die Psychologin in mir fragte, ob es allen Erstgeborenen so geht, wenn ihre Position durch das nächste Geschwister erschüttert wird. Und Jirinas Herz fragte, ob es Maruška nicht ähnlich gegangen war. Hatte sie auch einen so großen Schmerz ertragen müssen, ohne dass jemand davon wusste?

Wie bereits gesagt, fiel es mir wie Schuppen von den Augen, als ich auf meinem beruflichen Weg Kenntnis von der systemischen Ordnung und familiären Verstrickungen bekam. Doch in Gruppen, in denen Familien aufgestellt wurden, gab ich immer anderen den Vorrang. Nicht deshalb, weil ich mich davor gedrückt hätte, sondern weil ich entweder als die dienende Organisatorin den eingeladenen Experten für meine Zwecke nicht missbrauchen wollte oder weil ich selbst die aufstellende Therapeutin war. Letzten Endes meinte ich, dass bei mir eine Aufstellung nicht notwendig sei. Die Verstrickungen in unserer Sippe schienen mir klar zu sein und ich fühlte mich mittlerweile durchaus im Lot. An einem Sonntagnachmittag kam ich in einer besonderen, besinnlichen Stimmung nach Hause. Ich hatte gerade ein therapeutisches Seminar abgeschlossen, das in manchen Menschenherzen eine gute Furche für den Samen der Liebe gezogen hatte. Noch hatte ich die Melodie unseres abschließenden Hallelujah auf meinen Lippen. Kaum legte ich die Post auf den Tisch, klingelte meine junge Nachbarin, die mir meine Schachfiguren zurückgeben wollte. Ein so genannter Zufall. Als ich die Figuren zur Post legte, fiel mir ein, sie aus dem Beutel auszupacken, bevor ich die Briefumschläge öffnete. Ich wählte eine Figur für meine Mutter, eine für meinen Vater, eine für Maruška und eine für mich. Alsbald stellte ich dazu auch die Ursprungsfamilie meiner Mutter auf: ihre Mutter, meine liebe Oma, und ihre große Liebe, einen Dorfjungen, den sie nicht lieben durfte, weil er arm wie eine Kirchenmaus und sie die Tochter des größten Bauern weit und breit war. Sie musste einen reichen Bauer heiraten. Und sie folgte dieser Anordnung wie ein braves Opferlamm. Noch lange haben die Leute erzählt, dass dieser arme Junge den ganzen Hochzeitstag und die ganze Hochzeitsnacht liegend hinter dem Zaun des Bauernhauses verbrachte und den Rasen mit seinen Tränen tränkte. Am nächsten Tag verschwand er. Nach Sibirien sei er geflüchtet und dort Holzfäller geworden. Keine Spur mehr von ihm. Vielleicht sei er doch zurückgekehrt, flüchtig, scheu, um zumindest die Luft seiner Anna einzuatmen. Ein solcher Mann, der nach Ferne roch, habe meine Mutter, als sie einmal in ihrer Kindheit ihre Puppenkleider am Bach wusch, gefragt, in welchem Haus sie denn wohne und wie ihre Mutter heiße. Mehr wollte er nicht wissen. Er schwieg auf eine seltsame Weise, gesprochen hätten nur die Tränen in seinen Augen. Ich fühlte warme Zuneigung zu diesem Mann, dem man wehgetan und jegliche Achtung verweigerte hatte. Nicht einmal seinen Namen hat die Sippe in Erinnerung behalten. Diese Ergriffenheit ist mir nicht neu. Ich habe das Gefühl, mit diesem Namenlosen seit jeher verbunden zu sein. Ich stelle meine Figur neben ihn, eigentlich vor ihn. Ich stehe zu ihm. Für ihn. Wenn du wüsstest, wie ich dich liebe! Oh – also dich vertrete ich in unserer Sippe, mit dir erleide ich das Schicksal des Außenseiters, der mit seiner Sehnsucht nach Liebe nie ankommt. Blitzartig tauchen Erinnerungen an meine jugendliche Vorliebe für Männerhüte, an einmalig stimmige Gefühle beim Holzhacken auf. Die vernichtende Angst, die mich als kleines Mädchen auf der Steinmauer im Garten des Bauernhofes meiner Großeltern ergriff, war genau die Stelle, unter der der ausgestoßene Dorfjunge in seiner Verzweiflung weinte. O Gott! Wen wundert es also, dass mich ausgerechnet hier die bodenlose Angst vor dem Hinunterspringen und vor dem Hohn der gleichen reichen Sippe packte, die er erleiden musste. Die damalige Stimme meiner Schwester rückte nun ganz in den Hintergrund. Nicht sie war es also, durch die ich klein gemacht wurde. Hier wirkte eine völlig andere Geschichte, in die meine Schwester nicht verwickelt war. Ich war es, die dem Ausgestoßenen unbewusst treu war und an ihn erinnerte. Mit welcher Kraft hat jene höhere Instanz, die für die Ordnung in familiären Systemen sorgt, die Erinnerung an meine und seine Verzweiflung an der Steinmauer in mein Gedächtnis gegraben! Der dichte Vorhang, hinter dem das Vergangene versteckt war, tat sich auf.

Wie die Erstgeborene dem Nachkömmling begegnet

Bevor ich diese Kapitel zu schreiben begann, musste ich eine gewaltige Hemmschwelle überwinden. Bei meinem Bericht war ich frei und konnte mir in aller Offenheit meinen Kummer von der Seele schreiben. Wie aber kann ich es für meine Schwester tun, wenn ich ihre Erlebnisse und ihre Gefühle nicht genau kenne und sie deshalb nicht wahrhaftig beschreiben kann? Eigentlich könnte sie dies nur selbst tun. Natürlich könnte ich ihr anbieten, diese Kapitel selbst zu schreiben. Dadurch wäre die Erinnerung ausgewogen. Zugleich aber würde ich meine Schwester einem Leistungsvergleich ausliefern. Sie müsste den Bericht mindestens so gut wie ich verfassen. Wenn schon anders, dann müsste er auf alle Fälle besser, inhaltsreicher und literarischer sein. Auf keinen Fall kann ich zulassen, dass Maruška schwächer abschneidet. Diese Verletzung könnte ich weder ihr noch mir zumuten. Ihr Schmerz wäre mein Schmerz. Zwar bezweifle ich ihre literarische Begabung nicht, aber allein der Gedanke an den zwar nicht beabsichtigten, aber zwangsläufig entstehenden Wettbewerb ist mir unerträglich. Die Idee, dass jede von uns aus ihrer Sicht das gleiche Thema in der gleichen Form leistet, verwarf ich also. Das Ergebnis wären nervöse Beobachtung, Ehrgeiz, Neid und möglicherweise neue Spannungen in unserer Beziehung gewesen. Nach der gleichen Rezeptur entsteht unter Geschwistern eine unnötige Rivalität, wenn Eltern sich bemühen, allen die gleichen Rechte und Pflichten zu geben. Die noch so gut gemeinte Gerechtigkeit kehrt sich ins Gegenteil um. Erst der Zwang, meine

Bedenken zu formulieren, machte mir den Fehler mancher Eltern bewusst und diente mir als Warnung.

Plötzlich fiel mir ein, dass von meiner Schwester bereits ein Bericht vorlag. Den Anlass dazu lieferte vor mehreren Jahren das Schicksal selbst. Als ich von der sozialpädiatrischen Abteilung des Stuttgarter Olgahospitals in Rente ging, hatte meine Chefin Christel Schweizer eine Abschiedsfeier für mich vorbereitet. Das großartige Fest, bei dem ein Ballett durch hörgeschädigte Kinder ausgeführt wurde, ein Geigenkonzert, verschiedene Opernarien, der Auftritt eines psychotherapeutischen Clowns, und Berge von Kuchen und Eis gereicht wurden, hatte sie mit unserem Team in aller Heimlichkeit vorbereitet. Wir hatten von Anfang an ein ungewöhnliches Verhältnis zueinander. Sie ist zwar um zehn Jahre jünger als ich und immerhin meine Vorgesetzte, die ich in ihrer Position respektierte, zentral aber ist unsere schwesterliche Zuneigung. Gemeinsam haben wir drei Bücher geschrieben, indem wir jeden Satz zusammen gedacht und dann formuliert haben. Als Einzelkind hat sie die Geschwisterproblematik nicht selbst erlebt, ahnte jedoch mit der Weisheit ihrer feinfühligen Seele, welche prägende Rolle meine Schwester in meinem Leben spielte. So war es ihr ein Anliegen, dies bei einem Jubiläum bewusst zu machen. Hinter meinem Rücken bereitete sie daher dieses Überraschungsgeschenk vor. Sie forschte nach Maruškas Adresse in Prag und bat sie, zu meiner Feier zu kommen und dort einen Vortrag über unsere gemeinsame Kindheit zu halten und auch Fotos aus dieser Zeit zu zeigen. So geschah es, dass Maruška ihren Beitrag für dieses Buch abgeben konnte, noch bevor die Idee dafür geboren war. Hier ist also nun der Bericht meiner erstgeborenen Schwester in vollständigem Umfang. Lediglich den Teil, in dem sie ebenso wie ich über meinen heimlich gekauften Schnuller berichtet, lasse ich aus.

Die Beichte einer Schwester:

»Als ich dreieinhalb Jahre alt war, sagte mir meine Mutter, dass ich ein Geschwisterchen bekomme. Ich habe mich sehr gefreut, doch bestand ich darauf, dass es unbedingt ein Schwesterchen sein muss. Während des Aufenthaltes der Mutter im Sanatorium war ich bei meinen Großeltern untergebracht. Am Abend des 14. Oktobers 1929 kam unser Dienstmädchen und meldete strahlend: ›Wir haben ein hübsches, rosiges Mädchen mit schwarzen, gekräuselten Haaren!‹ Nach einigen Tagen fuhr ich mit meiner Oma nach Olmütz, um die Mutter und das Kind zu besuchen. Da war es auch bereits auf den Namen Jirina Anna getauft. Der zweite Name wurde nämlich nach der Taufpatin, der Großmutter, ausgesucht. Jirina bedeutet nicht etwa die russische Irina oder die griechische Irene, sondern Georgine, also die Frauenform von Georg. Ob die Eltern vielleicht einen Stammhalter Georg erwartet haben? Jirina – Georgine ist auch die Dahlia, die schöne Herbstblume.

Zuerst habe ich mich über das Schwesterchen, eine lebendige Puppe, sehr gefreut. Später aber fing ich an eifersüchtig zu sein. Bisher war ich das Nesthäkchen gewesen und alles drehte sich um mich. Die Mutter war nun mit der Pflege der Kleinen beschäftigt – und Jirina war kein pflegeleichtes Kind, sie schlief in der Nacht sehr schlecht und war ein bisschen ein kleiner Tyrann, wie sie es auch in ihrem Buch beschreibt. Ich war neidisch, als die Mutter Jirina zu sich ins Bett nahm, ihr etwas vorsang und sie liebkoste. Ich musste still sein, um das Kind nicht zu stören. Was mich auch sehr ärgerte, war, dass ich bei den Spaziergängen nicht mehr im Kinderwagen fahren durfte, sondern Jirina wurde von der Mutter im schönen neuen Kinderwagen gefahren und ich musste artig zu Fuß gehen. Die Mutter sagte immer: ›Du bist schon groß und Jirinchen ist noch sehr klein.‹ So allmählich wuchs in mir das Bewusstsein, dass ich wirklich viel größer und vernünftiger war als meine Schwester und gab ihr später meine Überlegenheit zu spüren. Als ich ein bisschen älter war, ärgerte mich, dass sie meine Märchenbücher bemalte und bekratzte, ja, sie riss sogar einige Blätter heraus, auf denen eine Hexe oder ein Gespenst abgebildet war. Diese ihre Furcht nutzte ich manchmal aus, indem ich sie in ein dunkles Zimmer schob und dabei murmelte: ›Do tmy do tmy do tmy, sezeró te baby‹, was auf Deutsch bedeutet: ›In der Dunkelheit, in der Dunkelheit, da fressen Hexen, fressen Hexen, fressen dich die Hexen auf!‹ Als Jirina ängstlich schrie, habe ich – die kleine Sadistin – sie zwar beruhigt, dabei ließ ich sie aber deutlich spüren, dass ich – die große Schwester – sie vor den Hexen beschütze.

(Nachdem Jirinas Geschichte mit dem Schnuller platzte ...) und sie für ihre Lüge getadelt wurde, haben die anderen Angehörigen viel gelacht über die Raffinesse der Kleinen, doch ich war damals empört über diese Sünde und fühlte dabei, dass ich viel besser bin als meine Schwester.

Später jedoch habe ich mir verschiedene Betrügereien für Jirina ausgedacht, obwohl es nicht in böser Absicht war. Als ich ungefähr elf Jahre alt war, sehnte ich mich nach einem Geschwisterchen, denn Jirina war kein niedliches Baby mehr. Da aber kein Nachwuchs in Sicht war, fing ich an, Jirina zum Bilde eines Kleinkindes zu transformieren, zu indoktrinieren und zu retardieren. Sie musste sich mit der Flasche füttern lassen, die Babysprache benutzen oder Kindergarten spielen, wo sie von mir als strenger Lehrerin erzogen wurde. Ich erzählte ihr auch, dass nicht nur zu Weihnachten, sondern auch während des Jahres die Engelchen den braven Kindern kleine Geschenke bringen. Die Geschenke erzeugte ich selbst, ich zeichnete Bilder oder band kleine Hefte zusammen, in denen ich die von mir ausgedachten Märchen verlegte. Ich verfasste sogar ein reich illustriertes Lehrbuch der deutschen Sprache, leider nur drei Kapitel. Jetzt wisst ihr, woher die Schriftstellerin Dr. Prekop ihre Grundkenntnisse der deutschen Sprache erworben hat. Diese Pflege, besser gesagt Gehirnwäsche, erreichte den Höhepunkt, als ich für Jirina ein Medikament hergestellt hatte, nach dem sie angeblich zu wachsen aufhören sollte, was ein Engel durch mich mitgeteilt haben soll. Die Medizin bestand aus Mineralwasser, Obstsirup, Zitronensaft, zerkochten Bonbons und Salbeiblättern. Auf der Flasche war ein Stern aus Alufolie aufgeklebt und die Anweisung: ein Mal täglich ein Löffel. Jirina nahm die Medizin gehorsam ein und ich drückte ihr mit der flachen Hand den Kopf hinunter, um die Wirkung zu verstärken. Nach einigen Tagen fing aber die Himmelsarznei an zu gären und schmeckte nicht mehr gut. Meine Autorität war dann auch nur so lange überzeugend, bis Jirina Magenbeschwerden bekam. Als unsere Mutter die Ursache erfahren hatte, verbot sie mir ähnliche Aktivitäten energisch. Ich war tief gedemütigt und enttäuscht, als mir Jirina sagte, dass sie mir diese Engelsgeschichten nicht geglaubt hatte und sie dieses Theater nur aus Respekt vor mir und um mir die Freude nicht zu verderben mitgespielt hätte.

Mit diesen Beispielen wollte ich zeigen, was für eine

schwere Kindheit Jirina mit ihrer älteren Schwester hatte. Ich hoffe aber, dass sie mir das in ihrem guten Herzen schon lange verziehen hat.«

Während ihres Vortrags bekam Maruška mehrmals Applaus. Das war der Höhepunkt des Festes. Für die vielen anwesenden Kinderärzte, Psychotherapeuten und Pädagogen wurde ihr Bericht zu einer fachlichen Weide. Denn so etwas liest man in der Fachliteratur selten, eher nie. So etwas ist eher in Märchen auffindbar. Aber dann glaubt man es nicht, wenn man nicht selbst in der betroffenen Haut gesteckt hat. Die Zuhörer haben sich prächtig amüsiert, obwohl es eigentlich nichts zu lachen gab. Es war vielmehr zum Heulen. Jedenfalls mir, im Rückblick auf das Vergangene. Ein Clown fällt auf die Nase und das Publikum amüsiert sich. Nun ja. Deshalb lieben wir die Clowns. Sicherlich empfand so mancher den Bericht meiner Schwester belustigend, aufheiternd und für sich selbst aufmunternd. Siehst du, wie sich die Plage zum Guten wendet! An den zwei alten molligen Damen merkt man, was die gute Lebenskraft vermag. Mit welchem Humor sie das Leben nehmen und wie sie trotz aller miteinander durchgemachten Strapazen zusammenhalten.

Ich war zunächst sprachlos. Diese offene Beichte hätte ich von meiner Schwester nicht erwartet, schon gar nicht vor meinen Gästen, Chefs, Kollegen und Schülern. »Die Gehirnwäsche habe ich Gott sei Dank überlebt«, war meine einzige spontane Antwort, der ich mächtig war. Ich nahm Maruška in den Arm und drückte sie an mein Herz. Im Hintergrund hing immer noch das Foto, das meine liebe Chefin sich von Maruška hatte schicken lassen, um es hier in starker Vergrößerung aufzustellen. Die Mutter zwischen uns beiden. Ja, so war sie auch: zwischen uns. Unverkennbare Schatten der Trauer in ihrem Gesicht. Sie wollte auf Fotos immer fröhlich wirken, so wie sie es im Alltag auch immer wieder mit sprühendem Humor schaffte, es gelang ihr aber so gut wie nie. Auch nicht auf diesem Bild. An ihre Herzensseite gelehnt steht Maruška mit ihrem bildhübschen Gesicht, ihr Blick strahlt keine banale Koketterie aus, keine Leichtigkeit, wie bei hübschen Mädchen üblich, sondern die Schönheit einer edlen, das Leben ernst nehmenden Jungfrau. Auch auf meinem Gesicht zeigt sich Ernsthaftigkeit, jedoch keine edle, eher ängstlich, aussichtslos, der Mutter ähnlich. (Hat sich der Fotograf überhaupt Mühe gegeben, uns zum Lachen zu bringen? Oder war jede Mühe umsonst?) Ich stehe auf der anderen Seite der Mutter, die linke Hälfte meines dicken Leibes verstecke ich hinter meiner Mutter (oder verwies mich der Fotograf selber aus Rücksicht in den Hintergrund, damit das esssüchtige Kind das Gruppenbild nicht verdirbt?) Diesen depressiven Gesichtsausdruck mochte meine Mutter an mir nicht. Erst nach vielen Jahren – da saß ich schon fest im Sattel der Psychotherapie – begriff ich die besondere Liebe meiner Mutter zu mir. Was sie an sich selbst nicht mochte, habe ich ihr mit meinem ihr so ähnlichen Wesen widergespiegelt.

Ich höre Maruškas Erinnerungen an unsere gemeinsame Kindheit und aus meinem Gedächtnis tauchen noch andere auf. Unsere Tante Lida hat immer wieder gerne erzählt, wie sie zu Besuch kam, um mich nach meiner Geburt anzuschauen. Maruška habe sie sofort zu meinem Kinderwagen geführt und ihr in einem schwer zu unterbrechenden Redefluss erklärt, wo man den Kinderwagen hält, wie man ihn fährt, wie man ihn von hinten heben muss, wenn man auf den Gehsteig hinauffährt, und wie man ihn zu zweit die Treppen hinuntertragen muss. In ihrer naiven Denkart deutete die Tante Maruška Eifer als erstaunliche Leistung des technischen Denkens und der Sorge für die kleine Schwester. Sie ahnte nicht, dass Maruška in ihrer Verzweiflung, nicht mehr das hochgeliebte Einzelkind bleiben zu können, die Chance, weiterhin hochgeliebt zu werden, in ihrer Rolle der großen, wissenden, vernünftigen Schwester fand. Die Tante wie auch alle anderen haben sie darin bestätigt. »Oh, ich bewundere dich, Maruška. So klein bist du und schon so klug.« Daraufhin wurde sie übereilig von Maruška korrigiert. »Nein, ich bin nicht klein. Klein ist Jirina. Ich bin groß.« Und wiederum haben alle das altkluge Kind bestätigt, je mehr es seine frühreife Intelligenz bei jeder Gelegenheit demonstrierte. »Wirklich, Maruška, du bist groß. Das, was du weißt, wissen andere Kinder in deinem Alter noch nicht. Du bist außerordentlich klug.«

Weil ihre Intelligenz zu ihrer größten Ersatzsicherheit wurde, geriet Maruška in einen Teufelskreis des eigenen Ehrgeizes. Je mehr sie ihren Verstand präsentierte, umso mehr wurde von ihr erwartet. Je mehr von ihr erwartet wurde, desto weniger konnte sie sich erlauben, etwas nicht zu wissen. So wurde sie durch ihr Bedürfnis nach Selbstbehauptung und Bestätigung stets getrieben, immer als Erste die passende Antwort zu wissen, neue Spielideen zu haben, für ihr Äußeres bewundert zu werden. Sie verlor ihre Gelassenheit und wurde unruhig. Die innere Spannung äußerte sich in ihren vielen Ticks. Sie drehte ihre Haarsträhne stereotyperweise um ihren Zeigefinger oder führte sie unter die Nase, um sie selbststimulierend zu beriechen. Sie fing an, ihre persönlichen Dinge zu sammeln, und wehrte sich dagegen, etwas abzugeben. So hielt sie auch ihren Stuhlgang zurück, bis es zu einer hartnäckigen chronischen Verstopfung kam. Später, in der Schule, war sie stets dabei, sich zu melden, um immer die schnellste und beste Antwort zu wissen. Vor lauter Anspannung streckte sie ihre Zunge vor, bevor sie vor der Schultafel zu reden begann. Dem Schulrektor fiel dies auf und er machte unsere Mutter darauf aufmerksam. Ihr war dies natürlich äußerst peinlich. Denn Maruška war ihr Ehrgeiz. In ihr lebte sie ihr unterdrücktes Selbstwertgefühl aus. Bis heute habe ich im Ohr, wie sie Mašruka zur Rede stellte. Sie machte ihr Vorwürfe, dass sie sich für sie schämen müsste, denn was würden die Mitschüler, ihre Eltern und Lehrer von ihr denken, wenn sie sich vor der ganzen Klasse als Närrin mit langer Zunge zeigte. Mir tat das Schelten von Maruška gut. Ich gönnte ihr mit Genugtuung, dass auch sie mal schlecht abschnitt.

Wie ungern sich Maruška stets als Primus in der Schule behaupten musste und wie sehr sie unter dem Druck unserer Mutter litt, erfuhr ich von ihr erst, als wir beide alt waren und unsere Mutter nicht mehr lebte. Erst dann gestattete uns die Reife, unserer Mutter keine Vorwürfe machen zu müssen. Denn wir verstanden ihre Lebenslage, unter der sie selbst Opfer war, und konnten ihre Fehler rückblickend tolerieren.

Maruška erzählte mir von ihrer tiefen Verzweiflung, als sie im Vierteljahreszeugnis einmal neben lauter Einsern eine Zwei in Religion bekam. Unsere Mutter hat sie dafür streng bestraft. Als müsste sie aus der Gesellschaft ausgeschlossen werden, wurde Maruška von der Mutter lückenlos missachtet. Als gäbe es sie gar nicht auf der Welt. Unter einer tief reumütigen Entschuldigung, womöglich auf den

Knien und unter Tränen, hätte Maruška eine Chance auf Begnadigung gehabt. Aber diese tiefe Reue habe sie nicht für angemessen gehalten. Dementsprechend klang ihre Entschuldigung zu flach und wurde von der Mutter nicht angenommen. Die Bitte unseres Vaters um Gnade, mit der Begründung, dass es sich doch um eine Bagatelle handele, wurde von unserer Mutter als Ausdruck seines bohemehaften Leichtsinns gesehen. Das Grundargument war das zu erwartende Entsetzen unseres Onkels, des ältesten Bruders unserer Mutter, eines Priesters, der mit uns den gleichen Haushalt teilte. »Was wird er bloß sagen, wenn er von deiner Zwei in Religion erfährt? Eine Schande ist es, eine bodenlose Schande.« Entgegen allen Erwartungen war der Onkel Maruška nicht im Geringsten böse. Nicht nur deshalb, weil sie sowieso immer sein Liebling war, sondern weil er aus Prinzip nicht viel von Einsern hielt und selbst als Religionslehrer eine kritische Meinung über jene Religionslehrer hatte, die den Kindern ihre Freude an der Religion mit schlechten Noten verderben. Über Maruškas Zweier hat er nur gelacht und für Maruška bei ihrer Mutter ein gutes Wort eingelegt. Dieses bewirkte aber zunächst auch nichts. Vielleicht hätte nicht einmal das ganze Vatikanische Konzil eine Begnadigung erreicht. Im tiefsten Grunde des mütterlichen Herzens war eine andere Stimme mächtiger. Die Stimme des verletzten Kindes in ihrem Inneren, des Kindes der zweiten Klasse, das den Schwur tat, es der demütigenden Welt einmal zu zeigen. Maruška, die den unbewusst an sie übertragenen Auftrag nicht zu erfüllen schien, wurde plötzlich zum schwarzen Schaf. Sie konnte erst dann am vergebenden Herzen der Mutter landen, nachdem sie ihr demütig versprach, dass es »nie wieder« passieren würde. Sie schwor es zugleich sich selbst. So blieb sie bis zum Abitur eine tüchtige Gymnasiastin mit lückenlosen Reihen von Einsern in allen Zeugnissen.

In allen Fächern hoch begabt, wusste Maruška nicht einmal, an welcher Fakultät sie sich anmelden sollte. Und weil gerade zum gegebenen Augenblick die Schlange von Studenten, die sich an der medizinischen Fakultät anmelden wollten, recht kurz war, landete sie dort. Während des Studiums waren die Noten nicht mehr so gut, aber das löste kein familiäres Drama mehr aus, denn mittlerweile ergriff den ganzen Osten Europas das große Drama. Nach dem kommunistischen Umsturz konnten nur noch die Parteitreuen Karriere machen. Ihren politischen Idealen treu bleibend, zog unsere Mutter bewundernswerterweise ihre erfolgsbezogene Erwartungshaltung zurück. So wurde Maruška vom Leistungsdruck befreit. Allerdings nur berufsbezogen. Im Privaten hielt unsere Mutter ihre Erwartungen an Maruška aufrecht. So hatte sie eine genaue Vorstellung von dem Mann, der Maruška würdig war. Ein richtig männlicher Mann, der weiß, was er will, ein Herr im Hause, allerdings gütig und großzügig, nach heutigem Vokabular ein sanfter Macho, jedenfalls betucht, mit Doktortitel und dunkelhaarig. Dabei ahnte sie nicht, dass ein solcher Mann in der Regel ebenfalls ein Erstgeborener ist und ihn Maruška deshalb nicht ertragen könnte, ähnlich wie sich zwei Hähne auf einem Hof nicht vertragen können. Maruška hatte den Mut, eine eigene Wahl zu treffen, die für sie wirklich stimmig war. Ihr Mann war ein Spätgeborener, für den eine Leitungsposition nicht wichtig war. Vielmehr sehnte er sich nach einer starken Mutter, der er dienen konnte. Kein Doktor, nur ein Ingenieur. Kein großzügiger Mann, sondern ein Sammler. Und von wegen dunkles Haar! Blond mit einem roten Hauch. Das ganze Leben lang bekam Maruška von unserer Mutter zu spüren, welche Enttäuschung sie ihr mit dieser Partnerwahl bereitete. »So stolz war ich früher auf dich, und nun vergammelst du in dieser Ehe ...«, hörte ich unsere Mutter oft klagen und wunderte mich, dass sie mir in Bezug auf meine Partner großzügige Freiheit gewährte. Wie ich erst unlängst von ihr erfuhr, hatte Maruška eine unheimliche Wut auf einige meiner Verehrer, regelrecht eifersüchtig war sie auf sie, wenn sie merken musste, wie diese trotz ihrer Charakterschwächen unserer Mutter sympathisch waren. Nur ihr Milan war bei unserer Mutter der Letzte. Trotz aller Einwände, die ich gegen Maruška hatte, bewunderte ich, wie bedingungslos sie zu ihrem Mann hielt. Und wie das Schicksal spielt, war es Milan, der unsere Mutter, trotz ihrer Verwirrung, der sie wegen ihrer Alzheimerkrankheit unterlag, erduldete und pflegte.

Auf den Leistungsdruck, den meine Schwester als Erstgeborene und aufgrund der hohen Erwartungen unserer Mutter erleiden musste, verzichtete sie, sobald sie erwachsen war. Ich hatte den Eindruck, dass sie sich von dem bisher auf ihr lastenden Druck neben ihrem Mann erholte. Er vergötterte sie vorbehaltlos. Ihre Leistungen waren ihm unwichtig. Indem Maruška zu ihrem Mann hielt, stellte sie sich gegen die Mutter. In dieser passiven Opposition gegenüber der Mutter äußerte sich ihre verspätete pubertäre Rebellion. Weder in ihrem Beruf als Allgemeinärztin noch als Ehefrau, Mutter und Oma steckte sie sich ehrgeizige Ziele. Allerdings neigte sie noch immer dazu, sich ihren Patienten, ihrem Mann und ihren Kindern gegenüber als die erziehende große Schwester zu verhalten. Zu meinem Erstaunen machte sie aber weder ihre Freundinnen noch ihre Mitarbeiter klein. Offensichtlich blieb die Rolle der Großen nur auf das familiäre Kraftfeld beschränkt, wo es auch geformt worden war.

Das Erstaunlichste für mich aber ist und bleibt, dass mir meine große Schwester meine Erfolge gönnt. Sie ist nicht neidisch, ja, sie freut sich sogar, dass ich als ihre kleine Schwester groß geworden bin. Merkwürdigerweise ist meine Durchsetzungskraft weitaus größer als ihre. Vielleicht gerade deshalb, weil sie früher unterdrückt wurde.

Unabhängig davon, was aus uns geworden ist, ehre ich sie als meine erstgeborene Schwester und ich nehme den zweiten Platz ein. Als ich ihr dies sagen konnte, atmete sie hörbar auf. Damals waren wir beide bereits um die Siebzig!

Die Rolle der Eltern

Tendenz zur Verharmlosung

Befasst man sich intensiver mit der Geschwisterproblematik, fällt auf, wie wenig Eltern darüber wissen. Zum einen liegt dies an den Kindern. Bereits im frühesten Lebensalter, in dem das Kind seine Gefühle, Klagen oder Fragen noch nicht in einer differenzierten Sprache ausdrücken kann, ereignen sich die ersten Verlustängste. Weinen, Verweigerung, Rückzug, Wutausbrüche und ehrgeizige Demonstrationen ihrer Leistungen drücken dann ihren Schmerz aus. Bei der Deutung dieser nonverbalen Botschaften liegt der Erwachsene oft daneben. »Nun ja, unser Mädchen brauchte bis jetzt nicht zu trotzen. Der kleinen Tyrannin, so wie Sie sie in Ihrem Buch beschrieben haben, lag die ganze Welt zu Füßen. Seit sie ihren kleinen Bruder bekam und sie nicht mehr so verwöhnt wurde, wie sie es gewohnt war, holt sie endlich ihre Trotzphase auf. Das ist doch gut so, nicht wahr?«, höre ich einen Vater bei einem Beratungsgespräch. »Ob unser Johannes eifersüchtig auf seine kleine Schwester ist? Von wegen! Dauernd ist er um sie herum, gibt ihr sein Spielzeug und zeigt sie stolz unseren Gästen. Total begeistert ist er!«, erklärt mir eine Mutter, die mich aufsuchte, weil Johannes auffällig unruhig war. Häufig höre ich Mütter klagen, dass ihr Erstgeborenes so unselbständig ist. »Raphael kann sich schon seit seinem dritten Lebensjahr seine Strickjacke, seine Schuhe und seine Mütze selbständig an- und ausziehen. Sobald er aber in den Kindergarten kam, weigerte er sich, sich allein anzuziehen, und verlässt sich seither frecherweise wieder auf meine Hilfe ...« Zugleich erfahre ich, dass der Beginn des Kindergartens mit der Geburt des zweiten Kindes zeitlich übereinstimmt. Der Mutter fiel dieser Zusammenhang nicht auf.

Erst wenn es um heftige aggressive Angriffe geht, vermuten manche Eltern, dass die veränderte Geschwistersituation damit etwas zu tun haben könnte. Bloßes Necken wird dem Bereich des kindlichen Spiels zugeschrieben. Je stiller und zurückgezogener das Verhalten ist, umso mehr deutet man es als einen angeborenen Zug der Persönlichkeit. Meist wird bei denen, die im stillen Herzen leiden, keine therapeutische Hilfe gesucht. Häufig geschieht sogar das Gegenteil: Viele Erstgeborene versuchen eine Ersatzsicherheit herzustellen, indem sie sich als die Großen geben. In der Regel freuen sich die Eltern über seine Tüchtigkeit, ohne sich über die schmerzhafte Dynamik seiner Verhaltensänderung Gedanken zu machen. Während meines langen Berufslebens habe ich nur selten erlebt, dass Eltern den typischen Ehrgeiz des Erstgeborenen erwähnen. In der Regel sprechen sie davon, dass es einen ausgeprägten Drang hat zu dominieren oder bei schulischen Leistungen nervös ist. Manchen fällt auch der besondere Unternehmungsgeist auf, den ihr Sohn sicher von seinem Opa geerbt hat und der zeigt, dass er wohl mal die Firma übernehmen soll.

Sobald das Kind seinen Kummer sprachlich artikulieren kann, stellt es alsbald die Ausweglosigkeit, ja die Gefährlichkeit seiner Interventionen fest und verstummt früher oder später. Die Eltern aber wollen aus verschiedenen Gründen die Wahrheit lieber nicht wissen, möglicherweise spielt die Schuldfrage dabei eine Rolle. Der erstgeborene, über alles geliebte Marc gerät in Zweifel, als er sieht, wie liebevoll seine Mama dem Brüderlein immer wieder ihre Brust gibt. »Magst du ihn mehr als mich?«, fragt der Sechsjährige. »Nein«, lügt sie, weil sie Marc eindeutig mehr als den Kleinen liebt. Ihre Schuld vertuscht sie mit einer weiteren Lüge: »Ich liebe euch beide gleich.« Marc spürt, dass sie nicht die Wahrheit sagt und dass sie ihm ungern antwortet. Die Frage wiederholt er nie wieder. Sein Verdacht, weniger als das Baby geliebt zu sein, bleibt irrtümlicherweise bestehen. Die Wahrheit kam erst nach dreißig Jahren ans Licht, als Marc wegen seines labilen Selbstwertgefühls und daraus resultierenden Eheproblemen zu einer festhaltetherapeutischen Sitzung mit seiner Mutter kam. Beide konnten sich an das damalige Gespräch gut erinnern, Marc allerdings wesentlich mehr als seine Mutter. Für ihn wurde das Kurzgespräch zum unvergesslichen Trauma.

Ein anderes Beispiel für diese Dynamik: Voller Entsetzen schubst Hermine ihren Bruder weg, um ihn am weiteren Demolieren ihrer Puppenecke zu hindern. Der kleine Schreier, der mit dem Downsyndrom zur Welt kam, krabbelt sofort zur Mama und lässt sich von ihr trösten. Hermine aber wird getadelt. Sie sei doch die Große und müsste Verständnis für den Kleinen haben. »Das ist ungerecht, Mama. Du magst Andi mehr als mich, sonst würdest du nicht immer zu ihm halten«, wehrt sich Hermine. Aber o weh, mit der Reaktion der Mutter hat sie nicht gerechnet.

Die Mutter bricht nämlich in bittere Tränen aus, die sich mit Andis Tränen vermischen. »Wer soll ihn schon lieben, wenn nicht ich? Ich bin doch seine Mama ... Als wenn ich nicht genug Sorgen hätte, musst du mir auch noch Kummer machen?!« Hermine verstummte. Sie traut sich nie mehr den Vorwurf zu wiederholen. Nicht nur weil es schmerzhaft gewesen wäre, die Mutter erneut bei der ungerechten Liebe zu ertappen. Das großzügige Herz des Kindes bescheidet sich, wenn es die Not in der Familie spürt. Um zu helfen, zieht es sich zurück. Es nimmt Rücksicht auf die arme Mama und den Papa, der es mit der traurigen Mama so schwer hat. Hermine wird zum Sonnenstrahl. Niemand soll etwas von ihrem Leid wissen.

Erwachsene sehen die Ursache für Probleme meist irgendwo anders oder in größeren Zusammenhängen. Scheinbar sind sie der emotionalen Problematik der kindlichen Seele entwachsen. Der Erwachsene neigt dazu zu sagen: »Diese Probleme möchte ich haben.« Dabei vergisst er aber die Relativität, die sich zwischen dem Schweregrad der Probleme und der Verarbeitungsmöglichkeit des jeweiligen Betroffenen spannt. Dass die Frustrationstoleranz bei einem unerfahrenen, von Geborgenheit abhängigen, über Lösungsstrategien nicht verfügenden Kind weit niedriger ist als bei einem Erwachsenen, ist unbestritten. Mehrmals las ich in Elterngruppen das Gebet eines Kindes vor, um damit für die kindliche Verwundbarkeit zu sensibilisieren. Das etwa vierjährige Kind betet kniend vor dem Einschlafen: »Lieber Gott, ich danke dir für meine kleine Schwester. Ich habe aber nun schon genug mit ihr gespielt. Nimm sie bitte wieder zurück in den Himmel!« Bis auf einige seltsame Ausnahmen amüsierten sich die zuhörenden Eltern herzhaft. Sie lachten dort, wo sich ein Kind in tiefster Verzweiflung keinen anderen Ausweg als den Tod wünscht. Es lachten sogar diejenigen, die dieses Leid aus eigener Erfahrung kennen. Nach dem Motto: Siehe da, ich war nicht der Einzige, der sich den Tod des kleinen Geschwisterchens wünschte! Schwarzer Humor und Hilfe zum Überleben. Eigenartigerweise reagieren eher die Eltern, die in ihrer Ursprungsfamilie Einzelkinder waren, wesentlich einfühlsamer.

Im Wesentlichen sind es die Schuldgefühle, deren Verdrängung der Verharmlosungsmechanismus dient. Diese Gewissensbisse schleichen sich nicht nur von der eigenen Kindheit her ein, sie hängen auch mit der Verteilung der Liebe in der Gegenwartsfamilie zusammen. Jede Mutter und jeder Vater ist überzeugt davon, dass es richtig ist, jedem Kind die gleiche Liebe zu schenken. Die Realität sieht aber anders aus. Im optimalen Falle lieben Eltern alle ihre Kinder, jedoch nicht alle gleich. In meinem Leben habe ich bis jetzt keine Ausnahme gesehen, schließe sie aber selbstverständlich nicht aus. In dem einen oder anderen Kind spiegelt man sich selbst wieder oder man projiziert eigene unerfüllte Wünsche in ein bestimmtes Kind. Wünschte man sich, dem anderen Geschlecht anzugehören – ein Wunsch, den niemand erfüllen konnte –, macht nun das eigene Kind des gewünschten Geschlechts diese Sehnsucht wett. Manch ein Kind erinnert möglicherweise an einen Menschen, den man besonders tief im Herzen trägt. Ein Kind wird also von der Familie besonders innig geliebt, aber die Eltern trauen sich nicht, dies zuzugeben.

Wie sich meine Mutter von ihrer Schuld entlasten konnte, beschreibe ich in meinem Buch *Hättest du mich festgehalten*. Nach unserer Flucht aus der vom sowjetischen Heer besetzten Heimat habe ich meine Mutter vier

Jahre lang nicht sehen können. Als sie dann endlich von den Behörden eine Genehmigung zum Besuch bekam, eilten wir ihr bis zur tschechischen Grenze entgegen. Die Mutter war schon alt und gebrechlich. Vom ungewohnten Autofahren wurde ihr übel und sie musste sich übergeben. Wir hielten am Straßenrand an, und ich hielt ihren Kopf in meinen Händen, so wie sie es früher bei mir tat, wenn ich krank war. Sie war nicht mehr die mächtige Mutter, sie war nur noch ein Häufchen Elend: Ich setzte mich mit ihr auf den Rücksitz und hielt sie in meinem Arm wie ein kleines Kind. Sie genoss es sichtlich. Es war seltsam für uns beide. Wir haben einen so lang andauernden Körperkontakt seit Jahren, seit meiner Kindheit, nicht mehr gehabt. Je mehr ich mich abnabelte, umso weniger geschah es. Nun, nachdem meine Mutter eine ganze Weile so an mich gelehnt gesessen hatte, sagte sie: »Es geht mir schon besser, du kannst mich jetzt loslassen.« Sie richtete sich auf und bewegte sich weg von mir. Ich ließ sie aber nicht los und drückte sie an mich. »Nein, nein, Maminko, du bleibst hier, bei mir! Es geht dir noch nicht gut.« Sie wehrte sich noch kurz, klammerte sich dann aber plötzlich an mich und fing bitterlich zu weinen an. Sie bat mich weinend um Verzeihung, dass sie mich weniger geliebt hatte als meine Schwester. Zum ersten Mal hörte ich es aus ihrem Munde. Ich hatte sie schon als Kind immer danach gefragt, aber sie hatte immer einen Spruch auf Lager, mit dem sie mich aufheitern wollte, mich angelogen hatte und sich selbst herauswinden konnte. Dieses Mal konnte sie sich und auch mir gegenüber die Wahrheit eingestehen, weil sie spürte: Ich, die Tochter, bin jetzt die Starke, die die Wahrheit ertragen kann. Sie spürte, dass ich sie über mein und ihr Verlangen hinaus liebe, weil ich mehr gab, als sie verlangte. So war es auch. »Das habe ich schon immer gewusst, Mami. Darüber bin ich längst hinweg. Ich bin doch schon groß. Weine dich nur aus. Es ist alles wieder gut. Ich mag dich, so wie du bist. Und ich weiß, dass du mich auch magst.« Hätten wir die nächsten Jahre weiterhin in der körperlichen Distanz über unsere Beziehung geredet, wäre die Wahrheit nie herausgekommen. Nur dem festen Halten, der Verschmelzung der Tränen, des Schmerzes, des Schweißes und des Erbrochenen sowie dem Erlebnis meiner vorbehaltlosen Liebe war es zu verdanken, dass Maminka ihr Geständnis ablegen konnte. Normalerweise trauen sich dies die Eltern nicht einmal auf dem Sterbebett, um die Beziehung vor dem endgültigen Abschied, nach dem man nichts wieder gutmachen kann, nicht zu riskieren. Für manche Menschen ist es scheinbar besser, in süßer Illusion vor sich hin zu leben, anstatt sich von der Wahrheit herausfordern zu lassen, die eigene Identität zu erlangen.

Manche Eltern beschummeln ihr Gewissen dem weniger geliebten Kind gegenüber, indem sie auf eine bestimmte Zeit verweisen, in der dieses Kind besondere Zuwendung genoss. Nicht selten wird ihm diese später jedoch zum Verhängnis. So ist mir der Fall einer erstgeborenen Tochter bekannt. Elke wurde von ihrem ein Jahr jüngeren Bruder vielseitig überholt und versuchte in der Pubertät, ihre Minderwertigkeitsgefühle mit Drogen zu betäuben. Beide Eltern haben alle ihre Kräfte für sie eingesetzt, erkannten durch die Beratungsangebote ihren eigenen Anteil an der Misere, streuten Asche auf ihre Häupter und versuchten, dem Mädchen nachträglich die Liebe zu geben, die sie vermisste. Es war eine schöne Zeit für alle. Durch den Willen zu lieben und mit dieser Liebe zu heilen, blühte die Liebe auf. Sowohl die Mutter als auch der Vater bildeten sich ein, dass sie dieses stille, sanfte und sensible Mädchen eigentlich immer über alles geliebt hatten, mehr sogar als den sportlichen, extrovertierten Jungen. Er selber schien darunter gar nicht zu leiden. Logisch. Über seine erste Stelle bei den Eltern war er sich niemals im Zweifel. Eher fühlte er sich von der fürsorglichen Aufmerksamkeit der Eltern befreit, die auf seine Schwester gelenkt wurde. Denn er brauchte die Freiheit für seine erotischen Eskapaden. Die Idylle im Elternhaus dauerte viele Jahre. Zwischenzeitlich erkrankte die Mutter an Angina pectoris, einer Herzerkrankung. Der Vater genoss seinen Beruf und sein politisches Engagement in vollen Zügen. Beide hatten sich darauf eingerichtet, dass Elke die Mutter pflegen würde. Aber es kam anders. Elke lernte einen Journalisten kennen, der im Auftrag seiner Redaktion langfristig in Japan tätig war. Sie verliebten sich und heirateten ohne Rücksicht auf die Bedenken der Eltern. Elke liebte ihren Mann umso mehr, weil sie endlich einen Menschen hatte, bei dem sie an erster Stelle war. Für Elke war klar, dass sie mit ihm nach Japan gehen und dass die Versorgung ihrer Mutter der Vater bzw. ihr Bruder und seine Frau übernehmen würden. Hier wurden die Würfel geworfen. Ab jetzt wurde Elke wieder zum Kind zweiter Klasse. Ja, noch viel schlimmer, nun galt sie als die Undankbare, als das schwarze Schaf. Ein Vogel, der sich seine gebrochenen Flügel behandeln lässt und den Käfig nur so lange schätzt, wie er ihn braucht. Letzten Endes fliegt er ohne Rücksicht auf seine Retter weg. Nach einigen Jahren glücklicher Ehe erwischte Elke ihren Mann beim Seitensprung mit einer attraktiven, sportlichen Frau. Da holte sie der Schmerz ihrer Kindheit ein. Schon wieder verlor sie die Stelle der Ersten. So wie sie sich früher mit ihrem Bruder verglich, tat sie dies nun mit der erfolgreichen Rivalin und fühlte sich minderwertig. Um ihre Versagensängste zu betäuben, lebte ihre frühere Strategie wieder auf, und sie griff erneut nach Drogen. Nun fühlten sich ihre Eltern wieder verpflichtet, ihr zu helfen. Deshalb baten sie mich um Beratung. »Wir haben sie so geliebt ...«, seufzten die Eltern, bevor ich ihnen reinen Wein eingoss. Aber sie tranken von dem Wein nicht. Auf keinen Fall wollten sie mir glauben, dass der tiefste Grund für Elkes Drogensucht mit ihren unerträglichen Ängsten und der Angst, die erste Stelle zu verlieren, zusammenhing.

Einer der Sprüche, die meine Mutter gerne zitierte, wenn ich mich beklagte, nicht genug geliebt zu werden, lautete: »Ihr Kinder seid wie Finger an meiner Hand. Schneide in jeden hinein, jeder tut gleich weh.« Ja, bloß hat sie nicht erwähnt, dass der Daumen wichtiger als die anderen Finger ist.

Eltern sind nicht für alles verantwortlich

Geschwisterrivalität, das ist inzwischen wissenschaftlich erwiesen, entsteht mit allen ihren Folgen wie Feindseligkeit, Neid, Ehrgeiz, Streben nach Dominanz und Unterdrückung auch unabhängig von dem Einfluss der Eltern. Sie entsteht innerhalb der Geschwistergruppe und entwickelt ihre eigene Dynamik. Zu verdanken haben wir diese Erkenntnis vor allem einem Mann, der sich in seiner Kindheit mit seiner Stelle innerhalb der Geschwistergruppe sehr plagte, seine Probleme mit Arbeitssucht und wissenschaftlichem Perfektionismus zu kompensieren versuchte und dennoch den psychosomatischen Beschwerden (Schwindelanfälle, chronischer Brechreiz und Hyperventilationssyndrom) nicht entging. Er kam in der Familie Darwin unter den Vornamen Charles Robert (1809–1882) als fünftes von sechs Kindern auf die Welt. Seine Mutter behielt er nicht in Erinnerung. Sie starb vermutlich an Krebs, als er drei Jahre alt war. Sein Vater geriet in eine tiefe Depression und seine innere Unruhe äußerte er durch bissige Kritik. Charles fühlte sich von ihm nicht anerkannt. Die Erziehung im Hause Darwin versuchte das älteste Kind, die Tochter Caroline, zu übernehmen. Der um neun Jahre jüngere Charles und seine noch kleinere Schwester fielen Carolines streng bemutternder Autorität zum Opfer. Trotz der Spannungen mit seinem Vater trat Charles beruflich in seine Fußstapfen, indem er sich der Naturforschung, vor allem der Zoologie widmete. Den Antrieb zu seiner Forschung über die Entstehung der Arten durch die natürliche Zuchtauswahl (sein Buch darüber wurde später weltberühmt) schöpfte er aus dem Rätsel seines Lebens: Wie entsteht überhaupt eine Persönlichkeit, wenn sie im minimalen Maße von den Eltern, dafür viel mehr vom Zusammenleben in der Geschwistergruppe geprägt ist? Wie kommt es, dass sich Geschwister trotz des gemeinsamen Erbgutes, welches die Persönlichkeitsanlage mindest zu fünfzig Prozent bestimmt, dermaßen unterschiedlich entwickeln, dass sie sich im Verhalten weniger ähneln als völlig fremde Wesen der gleichen Art? Er suchte die Antwort, indem er Tiere beobachtete.

Darwin entdeckte zwei instinktgebundene Strategien, die dem Überleben, sprich der Selbstbehauptung des Individuums und dem Aufrechterhalten der Spezies unter ungünstigen Umweltbedingungen, dienen. Zum einen handelt es sich um die natürliche Selektion, die man auch als

Krisenmanagement im Nest bezeichnen kann. Wird das Futter im Nest knapp, bezahlen die kleinsten Geschwister mit dem Leben. Entweder sie haben keine Chance ans Futter zu kommen, sodass sie verhungern und aus dem Nest hinausgeworfen werden, oder aber sie flüchten selbst aus dem Nest, um den tödlichen Attacken der ältesten Küken zu entgehen. So mörderisch den kleinen Geschwistern gegenüber verhalten sich beispielsweise die Blaufußtölpelküken, sobald deren Körpergewicht unter achtzig Prozent des Normalgewichts sinkt. Die andere in Millionen Jahren der Evolution bewährte Überlebensstrategie der Spezies ist das Divergenzprinzip. Wenn Arten um knappe Ressourcen lebensgefährlich miteinander konkurrieren müssen, tendieren sie dazu, voneinander abzuweichen, was sich sowohl räumlich als auch in Veränderung der Körpermerkmale (Merkmalsverschiebung), z.B. in der Verlängerung des Schnabels, äußert. Die bekanntesten Beispiele dafür lieferte Darwin auf den Galapagosinseln. Wenn die Fressgewohnheiten einiger voneinander abweichender Darwinfinken-Arten die gleichen sind, müssen sie ihre Territorien trennen. Sie kommen niemals auf derselben Insel vor. Dieses »Konkurrenzausschlussprinzip« wurde von Darwin als ein wichtiges biologisches Gesetz aufgedeckt, welches besagt, dass zwei Arten mit den gleichen Anforderungen an die Umwelt nicht in ein und demselben Gebiet zusammenleben können. Dieses Divergieren ist als eine großartige Adaptationsfähigkeit, als weiser Plan der Schöpfung zu bewundern.

Darwins Evolutionslehre löste mächtige Kontroversen in der Welt der Wissenschaft aus. Sie revolutionierte den Bereich der Genetik, wehte mit der Kraft eines Orkans durch die theologischen Fakultäten und setzte Maßstäbe für die Verhaltensforschung. Die Individualpsychologie machte um Darwin einen großen Bogen, solange sie den Einfluss der Stelle innerhalb der Geschwisterkonstellation nicht angemessen gewichtet hatte. Den Durchbruch schaffte der schon auf Seite 19 erwähnte Frank J. Sulloway, Professor am renommierten Massachusetts Institute of Technology, selbst das dritte von vier Kindern. Er stellte sich die Frage, warum manche Menschen so viel kreativer und unkonventioneller als andere sind und warum im Laufe der Geschichte manche zum Verfechter des Neuen, andere zum Verteidiger des Alten wurden. Was macht den Menschen zum Rebellen? Gestützt auf eine halbe Million Daten aus rund zehntausend Lebensläufen, untersuchte Sulloway in mehr als zwanzigjähriger Forschungsarbeit die Einflüsse auf die Persönlichkeitsentwicklung und legte die Ergebnisse in seinem Buch *Der Rebell der Familie* nieder. Darwins Theorien boten ihm eine ausgezeichnete Orientierung.

Besonders hilfreich wurde ihm das Prinzip der Divergenz. Warum werden zwei Geschwister trotz desselben Elternhauses und der vielen gemeinsamen Erbeigenschaften nicht ähnlich, sondern entwickeln sich verschieden? Die Antwort: Das erzwungene Zusammenleben in einem gemeinsamen Territorium zwingt sie dazu, sich in unterschiedlichen Nischen zu behaupten. Der Erstgeborene verteidigt die elterliche Nische und behält diese, während der Jüngere sich aus seiner eigenen Kraft heraus eine eigene, neue Nische suchen muss. »Es liegt in der Stellung von Erstgeborenen, dass sie sich stärker mit Macht und Autorität identifizieren. Erstgeborene kommen als erste in die Familie, und sie nutzen ihre überlegene Größe und Stärke, um diese besondere Stellung zu verteidigen. Sie sind bestimmender, sozial dominanter, ehrgeiziger, eifersüchtiger auf ihren Status bedacht und gleichzeitig defensiver als ihre jüngeren Geschwister. Diese wiederum neigen aufgrund ihrer untergeordneten Position im Familiensystem dazu, den Status quo in Frage zu stellen und unter bestimmten Bedingungen auch eine ›revolutionäre Persönlichkeit‹ zu entwickeln. Im Namen der Revolution haben sich Spätgeborene wiederholt den altehrwürdigen Grundannahmen ihrer Zeit entgegengestellt. Die kühnen Forscher, die Bilderstürmer und die Häretiker, die wir aus der Geschichte kennen, kommen aus ihren Reihen« (S. 14). Spätgeborene haben daher häufig eine gewisse Narrenfreiheit. Ihr Weg führt oft durch Engpässe hindurch, die ihre Überlebenskraft und ihr Durchsetzungsvermögen mobilisieren und das Bewusstsein für die eigene Identität fördern. Außerdem kommt es darauf an, welche Persönlichkeitszüge sie haben, ob sie beim Suchen ihrer Nische Glück oder Pech haben und ob ihr Weg sie eher in die Irre führt oder ihnen die Chance gibt, ihre Schaffenskraft optimal zu entfalten. Zu bekannten Spätgeborenen gehören Kopernikus, Voltaire, Mendel, Darwin, Franklin, Napoleon, Kant und Max Planck. Mit der Zahl der Geschwisterreihe sinkt für den Zweitgeborenen der Drang zum Radikalismus beim Suchen seiner Nische; alsbald bekommt er Leidensgenossen, die ebenfalls nach eigenen Nischen Ausschau halten. In einer größeren Geschwistergruppe wird meist der Letztgeborene am radikalsten. Dagegen dürfen und müssen die Erstgeborenen in Anlehnung an die Eltern ihrer Nische treu bleiben und deren Traditionen und Intentionen womöglich sogar fehlerfrei fortsetzen.

Das verblüffende Fazit: Diese Abweichungsmechanismen sind von den Eltern nicht beabsichtigt, jedenfalls nicht bei den Spätgeborenen. Im Gegenteil, die spät geborenen Rebellen sind anscheinend bei der Suche ihrer eigenen Nische gegen die erzieherischen Bemühungen häufig resistent. Bei der Ausbildung der typischen Merkmale der Erstgeborenen, wie der Neigung über die Jüngeren zu dominieren und die Verantwortung zu übernehmen, ist sicherlich die elterliche Erziehung mit am Werke. Jedoch nicht nur. Es ist bekannt, dass auch ohne den Einfluss der Eltern – weil sie beispielsweise fehlen, wie sich in Waisenhäusern und Slums zeigt – die ältesten Geschwister spontan die Rolle des Beschützers und des Fürsorglichen übernehmen. Hier ist eindeutig die Eigendynamik der Geschwistergruppe abzulesen.

Sicherlich wird die Selektion in menschlichen Familien in der Regel nicht so brutal durchgeführt wie im Tierreich. Abtreibungen oder die Abgabe behinderter Kinder an Heime ließen sich jedoch so sehen. Da ich in diesem Kapitel aber nicht von der Täterschaft der Eltern sprechen will, sondern von der Eigendynamik der geschwisterlichen Beziehung, gehe ich auf diese Beispiele nicht näher ein. Da meist eine Rivalität um die Position bei den Eltern im Spiel ist, fällt es nicht leicht abzuschätzen, inwieweit der Vernichtungswunsch rein von einem geschwisterlichen Konflikt geschürt ist.

Ich kenne einen Pastor, der im Alter von knapp drei Jahren sein einige Wochen altes Brüderchen umbrachte. Möglicherweise ging es ihm nur darum, das Schreien des Babys abzustellen. Auf dieses Schreien reagierte er empfindlich, denn seither war es mit seinem ungetrübten Paradies im Elternhaus aus. Nein, er wollte seinen Bruder nicht beseitigen, er war durchaus froh, dass er ihn hatte, nur sein Schreien wollte er verhindern. Er rief die Mutter zur Hilfe:

»Mama, das Baby schreit, bitte, komm her!« Aber die Mama lief dauernd zwischen Küche und Speisekammer hin und her und war offensichtlich nicht bereit, das Baby zu beruhigen. »Ach, lass ihn schreien«, sagte sie einige Male im Vorbeigehen. Und da fiel dem Großen ein, dass er sich selbst helfen konnte. Er legte dem Baby ein Kissen auf das Gesicht und hielt es dann so lange fest, bis das Baby ganz still wurde und sich nicht mehr bewegte ...

Ich kenne auch Geschwisterpaare, die sich zwar nicht wirklich umgebracht, aber einen gefährlichen Rufmord begangen haben, der vielleicht grausamere Folgen hatte als ein realer Mord. Zur Zeit der Diktatur Hitlers verschrieb sich der älteste Bruder der NSDAP, um die Stelle des Gymnasialdirektors zu behalten. Und um seine Treue nachzuweisen, zeigte er einige seiner Freunde wegen feindlicher Propaganda an, unter anderem auch seinen jüngeren Bruder, von dessen Untergrundtätigkeit bei den Partisanen er wusste. Dieser überlebte das KZ, wurde nach dem Krieg zum prominenten Funktionär der Kommunistischen Partei und sorgte für die Bestrafung seines Bruders. Unter Folter und nach jahrelanger Haft beendete dieser, von seiner Familie verlassen, sein Leben im Gefängnis.

Für die Eigendynamik der Geschwistergruppe spricht, dass Selektion unter Geschwistern meist beim gleichen Geschlecht auftritt. Zwei Brüder verhalten sich wie zwei Hähne auf einem Hof und zwei Schwestern erinnern an zwei Hexen auf dem gleichen Besenstiel. Geschwister von unterschiedlichem Geschlecht sind dagegen oft eher in der Lage, sich miteinander zu arrangieren.

Das besondere Schicksal der Erstgeborenen

Nicht der Herbst wird gefeiert, sondern der Frühling. Mit ihm fängt das Leben von neuem an: Die erste milde Brise bringt Tauwetter mit sich, zarte Grashalme durchbohren die Eiskruste, die erste Schlüsselblume lässt sich durch den alten Schnee nicht abschrecken, die Säfte, die in den Bäumen aufsteigen, lassen alsbald duftende, geheimnisvolle Knospen entstehen, und die erste Schwalbe kündigt die Rückkehr des unbesiegbaren Frühlings an. Hoffnung auf Erneuerung und Bereicherung des Lebens ist ein typisches Merkmal von Ersten.

Erstgeboren – Privileg oder Fluch

Im Bewusstsein vieler Völker lebt seit jeher das Wissen um die Bedeutung der Erstgeborenen. Die Erstgeborenen sind Symbol für den Fortbestand der Familie und der Sippe, und die Urkraft der Schöpfung wird mit der neuen Generation auf vielfältige Weise gefeiert. Aus diesen Gründen wurde das erste Kind oftmals den Göttern geopfert. Aus heutiger Sicht erscheint es grausam, ein gesundes, vor Lebenskraft strotzendes Kind ins Feuer zu werfen, wie es die alten Juden zu Ehren von Baal getan haben, oder es dem heiligen Fluss Ganges zu übergeben, eine Sitte, die in Indien nach jahrtausendelanger Tradition gepflegt wurde. Die Opfergabe erfüllte jedoch den wahren Sinn. Den Göttern wurde nichts Abfälliges überreicht, sondern das Kostbarste, das ersehnte erste Kind, der erste lebendige Nachweis der eigenen Fruchtbarkeit, die Bestätigung der eigenen Person. Man gab den wertvollsten Teil von sich selbst. Eine Demutshaltung, eine Verneigung vor der Gottheit, ja ein Nachweis der Liebe: Die Eltern schenkten das Liebste, was sie hatten, an Gott. Erinnern wir uns an Vater Abraham, den wir aus dem Alten Testament kennen. Als er seinen Sohn Isaak opfern und töten wollte, blutete sein Herz so arg, dass selbst der Himmel sich erbarmte und er seinen Sohn gegen einen Widder austauschen durfte.

Von diesen heute barbarisch anmutenden Gepflogenheiten haben wir uns zum Glück entfernt. Erstgeborene werden aber noch immer geopfert. Nicht nur die Literatur belegt dies, viele von uns kennen sicher Fälle aus der eigenen Verwandtschaft und Nachbarschaft. Frauen, die sich lange mit ihrer Unfruchtbarkeit geplagt bzw. eine Reihe von Fehlgeburten erlitten haben, versprachen dem Schöpfer, ihm das erste Kind zu schenken. So wurde der erstgeborene Sohn Priester oder die erstgeborene Tochter Nonne. Dieses Opfer bringt allerdings nur selten der Vater, meist ist es die Mutter. Das eigentliche Opfer bringt aber in seiner Vorbestimmung das Kind durch die Mutter für die Mutter. Und Söhne werden nicht nur für die Mutter geopfert, sondern auch für das Vaterland. Die ältesten Söhne sind es nämlich, die als Erste den Wehrdienst ableisten müssen, als Erste in den Krieg ziehen und oftmals auch als Erste fallen.

Das Leben des Ersten wird ehrlos vernichtet

Neben der edlen Absicht, das höchste Opfer zu erbringen, gab es in der Geschichte der Menschheit – und gibt es noch immer – auch destruktive Einstellungen zu den Erstgeborenen. Wurde dem König eines Stammes prophezeit, dass er einmal von seinem eigenen Sohn entthront werde, so ließ er den Erstgeborenen sofort nach seiner Entbindung töten. Bei den Völkern, die dem männlichen Geschlecht den Vorrang geben, werden das erstgeborene oder auch die später geborenen Mädchen nach der Geburt von der Hebamme getötet, während der erstgeborene Sohn und mit ihm auch sein Vater als Zeuger und seine Gebärerin gefeiert werden. Unter den patriarchalen Machtstrukturen werden diese Morde vollständig legalisiert. Straffällig würde sich eher jener Mensch machen, der das zum Tod verurteilte Neugeborene retten möchte.

Auch in unserem Kulturkreis findet die Tötung von Erstgeborenen statt. Der Grund dafür ist nicht in irgendeiner gesellschaftlichen Regel zu suchen, sondern in einer egozentrischen Angst, das eigene Ansehen zu verlieren, ohne Rücksicht auf die Liebe der Mutter zu ihrem Kind. Vor allem die Kinder von sehr jungen, unreifen, vom Elternhaus noch abhängigen Frauen sind hierbei betroffen. Ihr uneheliches Kind würde ein Schandfleck für die ganze Familie sein. Um auch die Ehre der Tochter zu retten, muss das Kind verschwinden. Und zwar vollständig! Nicht einmal die Spur zu einer Adoptivfamilie darf bekannt werden. Die Tötung des noch Ungeborenen scheint die Lösung. Dazu ein paar erschütternde Beispiele, denen ich in meiner Beratungspraxis begegnet bin:

Der Vater ist ein angesehener Arzt. Seine Tochter ist ein Einzelkind und sein ganzer Stolz. Eines Tages eröffnet sie ihm zitternd vor Angst, dass sie im sechsten Monat schwanger ist. Den Erzeuger kennt sie nicht. Es war ein heißer Flirt mit einem Unbekannten in der Disco. Der Vater zwingt sie zum Abbruch der Schwangerschaft. Für eine Ausschabung ist es bei der fortgeschrittenen Schwangerschaft aber schon zu spät. So entscheidet sich der Vater für einen Kaiserschnitt, welchen er selbst auf dem Küchentisch durchführt. Als seine Tochter aus der leichten Betäubung aufwacht, sieht sie ihr Kind. Es bewegt sich. Es lebt. Jedoch nicht lange. Denn sein Opa erwürgt es mit der Nabelschnur. Mit zusammengepressten Zähnen zischt er: »So sterben viele Kinder noch im Bauch« und wirft das Kind anschließend in das Feuer des offenen Kamins. Dann umarmt er seine Tochter und tröstet sie: »Jetzt ist alles wieder gut, die Narbe wird heilen, du bist wieder o.k.« Die Folgen für die junge Frau? Sie liebt ihren Vater noch immer, sogar noch devoter als zuvor. Zugleich weiß sie aber, dass er der Mörder ihres Kindes ist und sie die Mittäterin. Sie ist Opfer und Täter in einem. Dieser Zwiespalt ist unerträglich, er spaltet ihr Bewusstsein und stürzt sie wiederholterweise in psychotische Episoden. Nie wieder wird sie in eine Disco gehen, nie wieder flirten und niemals wieder möchte sie ein Kind. Seelisch ist sie wie ausgeschabt.

Erschütternd ist auch ein anderer Fall. Vorgestellt wurde ein dreijähriger Adoptivjunge, um die Ursache seiner gestörten Sprachentwicklung abzuklären. Für die Adoptiveltern stellte sich die Frage, ob eine ehemalige Verletzung seiner Stimmbänder ihn an einer besseren Artikulation hinderte oder ob auch irgendeine emotionale Blockade im Spiel sei. Wie kam es zu der Adoption? Die Mutter, die schon seit längerem erfolglos einen Antrag auf Adoption gestellt hatte, war als Notärztin tätig. In einer Silvesternacht wurde sie in eine Asylantenwohnung gerufen. Mit Martinshorn angekommen, sah sie auf einem mit Blut verschmierten Bett einen neugeborenen Jungen, dem die Kehle durchgeschnitten war. Neben ihm lag das Küchenmesser, auf der anderen Seite saß die junge Mutter, blass und wie versteinert. Einen Schritt von ihr entfernt saß ihre Mutter, die ihre blutigen Hände im Schoß faltete. Ihr starrer Blick war auf den Boden gerichtet. Zeit, lange Fragen zu stellen, gab es nicht. Auf schnellstem Wege brachte die Ärztin das notversorgte Kind ins Krankenhaus und rief ihren Mann an, dass sie bereits ein Kind zur Adoption bekommen hätten. Die polizeiliche Untersuchung konnte die vollkommene Wahrheit nicht ermitteln. Keine der beiden Frauen gestand den Mordversuch, obwohl man Fingerabdrücke von beiden auf dem Küchenmesser fand. Eine von beiden war es jedoch sicher. Wie kam es aber dazu? Während des Krieges in Sarajevo wurde der Vater dieser Familie mit anderen männlichen Verwandten von Moslems gefangen. Seiner Frau gelang es, mit der jüngsten Tochter, Vaters Liebling, ins Ausland zu flüchten. »Pass gut auf sie auf!«, waren die letzten Worte an seine Frau. Aber es war schon zu spät. Unterwegs erfuhr sie von der Schwangerschaft ihrer Tochter. Eine schreckliche Vorstellung, dass sich diese Tochter aus gutem christlichen Haus mit einem moslemischen Soldaten eingelassen hatte! Diese Schande würde den Vater umbringen. Mit allen Mitteln versuchte die alte Frau daher, diesen Schandfleck abzutreiben. Je geheimer sie es tat, damit niemand von dieser Schande erführe, umso laienhafter, brutaler, jedoch auch nutzloser wurden ihre Abtreibungsversuche. Nur eine einzige Grenze wahrte sie dabei: Das Leben ihrer Tochter durfte es nicht kosten. Dies würde ihr ihr Mann nie verzeihen. Sie empfand die Vernichtung des Kindes jedoch als vollkommen gerechtfertigt, denn durch diese Handlung würden sogar symbolisch die getötet, die ihren Mann gequält hatten.

Das gleiche tragische Thema war Anlass für Leoš Janáček, die Oper »Jenufa« zu komponieren. Die Pflegemutter sieht keinen anderen Ausweg, um die Ehre ihrer Pflegetochter und ihre eigene zu retten, als das neugeborene Kind in einen eisigen Bach zu werfen.

Kein anderes Kind in der Familie ist so oft Gegenstand der Sünde oder Grund, dass die Familienehre in Frage gestellt wird, wie eben das Erstgeborene. Für seine Mutter und seinen Vater büßt das unschuldige Kind mit dem Tode.

Das Erstgeborene wird zum Segen

Dem erstgeborenen Kind kommt also immer eine besondere Rolle zu, wobei diese entweder äußerst positiv oder äußerst negativ ist. Entweder kommt das Kind als Erfüllung eines lang gehegten Wunsches auf die Welt und das junge Eheglück ist perfekt oder man hat wegen des Kindes heiraten müssen, sodass sein Kommen einige Probleme aufwarf. Und wenn es eine Brücke zwischen seinem Vater und seiner Mutter darstellen musste, dann wird es oft zur Trennwand. Häufig bricht die Ehe wegen dieses Kindes dann auseinander. Eine neutrale Position gibt es so gut wie nie, diese ist allein durch die einmalige Stellung des erstgeborenen Kindes ausgeschlossen.

Von klein auf, sobald ein Mädchen versucht, seine Mama nachzuahmen, und es auch mit ihren Puppen spielt, stellt es sich sein eigenes Kind vor. In der kindlichen Phantasie entstehen bereits zu diesem Zeitpunkt das Bild des ersten Kindes und die Sehnsucht nach der Bindung mit ihm. Das Mädchen mit dem blonden, lockigen Haar, wie es gefüttert, gebadet und gewickelt wird. Das Büblein in der Strampelhose, das bei keinem Spaziergang fehlen darf. Mit zunehmendem kritischen Intellekt bekommt das Bild genauere Umrisse. Nein, zwei Töchter, wie es bei uns der Fall ist, möchte ich nie haben; am liebsten wäre mir zunächst ein Sohn und dann eine Tochter. O ja, so niedliche Zwillinge möchte ich auch gerne haben. Wenn ich einmal selber Mutter werde, dann werde ich vieles ganz anders machen als meine Mutter. Zum Beispiel werde ich mein Kind nie zwingen, rohe Tomaten zu essen. Aber auch Jungen entwickeln oftmals konkrete Vorstellungen: Sollte ich einmal Vater werden, dann werde ich mit meinen Söhnen Fußball spielen und sie nie zum Geigenunterricht zwingen.

Auch junge Verliebte hegen ihren gemeinsamen Traum vom Kind. Mit dir, nur mit dir möchte ich ein Kind haben, ein Kind, welches dir ähnlich ist, weil ich dich liebe. Wenn es dann so weit ist, ist der Mann mächtig stolz auf den gewölbten Bauch seiner Frau, die das aus seinem Samen entstandene Kind unter ihrem liebenden Herz trägt. Und die Frau kann es oft kaum erwarten, dem geliebten Partner die süße Überraschung ins Ohr zu hauchen. Ein einmaliges Gefühl, zum ersten Mal die »anderen Umstände« zu fühlen und eine Erklärung für die eigenartigen Brechreize nach dem Frühstück zu bekommen. Das erste Kind! Alles wird zum ersten Mal groß gefeiert. Das beginnt bei der Wahl des Namens: O ja, den Namen Sarah wollte ich schon immer, wenn's ein Mädchen wird, und David für einen Jungen! Dann die Benachrichtigung der eigenen Eltern, dass sie zum ersten Mal Großeltern werden, die Besuche der Beratungsstelle für natürliche Geburt, die Freude am eigenen Mann, der bereit ist, die Entspannungsübungen mitzumachen, die gemeinsamen Einkäufe der Babyausstattung, das Einrichten des Kinderzimmers, die Suche des richtigen Geburtshelfers, das Einsetzen der Wehen, das einmalig orgastische Erlebnis der Geburt und schließlich der glückliche Moment, das erste Kind im Arm halten zu dürfen, den ersten Schrei zu hören, der erste Blickkontakt: Ja, du bist da! Du, von dem ich all die Jahre träumte. Und ich werde dir eine tolle Mutter sein, so wie ich sie tausend Mal als Kind durchspielte. Dazu diente mir das Vorbild meiner Mutter, aber ich will manches auch ganz anders machen.

Auch der Vater ist überglücklich und genießt es, sein Kind im Arm zu haben: »Als ich im Kreißsaal mein erstes Kind im Arme hielt, heulte ich wie ein Schlosshund«, hörte ich von einem Vater. »Ein Wunder, das Wirklichkeit wurde.« – Und wie schön, dass mein Baby sich mit meinem kleinen Finger begnügt, wenn ich ihm als Mann schon keine Brustwarze anbieten kann! Ich bin stolz, dass ich unser Baby genauso geschickt wickeln kann wie die Mama! Nun liegt es in seiner Wiege, hört die Spieluhr und schläft. Wie gut, dass wir ausgerechnet diese Einschlafmelodie ausgesucht haben! Die ersten Fotos von unserem Kind, der erste Videofilm, das erste Fotoalbum. Alle Verwandten und Freunde bewundern unser Kind und überlegen, von wem es wohl die Nase und die Augen und die Schädelform hat. Ob unser kleiner Schreier bei der Taufe stillhält? Dass ich den Schmerz des Kindes beim Impfen genauso mächtig wie es selber, wenn nicht noch intensiver erleiden würde, hätte ich nie gedacht. Und auch beim ersten Fieber meines kleinen Lieblings habe ich mitgelitten. Oh Gott, mache mein erstes, mein einziges Kind wieder gesund! Ich gebe dir dafür alles, was du willst. Und auch all die anderen Ereignisse – die erste Geburtstagsfeier, der erste Zahn, die erste Krikelzeichnung, der erste Tag im Kindergarten, der erste Schultag, das erste Schulzeugnis, alles wird mit einer Intensität erlebt, wie dies bei nachfolgenden Kindern nie mehr der Fall sein wird. Das Grundthema all dieser Erlebnisse lautet: Durch dich sind wir Eltern geworden. Du bist die Krönung unserer Ehe. Durch deine Geburt wurden wir eine Familie. Du setzt unser Leben fort. Mit dir beginnt die neue Generation. In dir und deinen Kindern leben wir weiter. In dieser exponierten Position fühlt sich das Kind schon von seinen ersten Lebenstagen an in seiner Existenz bestätigt. Es macht ihm Freude, den Eltern Freude zu machen, indem es ihren Erwartungen entgegenkommt, ja diese manchmal sogar übertrifft. Dass das Kind so gut gedeiht, wird von den Eltern als Segen empfunden. »Durch dich sind wir gesegnet und du wirst für andere zum Segen werden«, habe ich ein Elternpaar beten gehört. Das erstgeborene Kind fühlt sich diesem Segen gegenüber sein ganzes Leben lang verpflichtet.

Das Erstgeborene wird zum »Pech«

Völlig anders fühlt sich dagegen ein Kind, das nicht erwünscht wurde, sondern durch sein Kommen die Lebenspläne seiner Mutter und seines Vaters durchkreuzte und die Eheschließung zu einer unangenehmen Pflichterfüllung machte. Es spürt, dass es seinen Eltern keine Freude bereitet, sondern eine Belastung für sie ist, wie Klebstoff zwischen zwei Einzelteilen, die nicht zusammenpassen. Je nach Empfindsamkeit und Verwundbarkeit, natürlich auch je nachdem, wie sich die Eltern mit ihrer ungewollten

Bindung arrangiert haben, empfindet sich ihr erstgeborenes Kind unerwünscht und leidet möglicherweise das ganze Leben lang unter dem Gefühl, keine Lebensberechtigung zu haben. Auch tiefe Depressionen sind oftmals die Folge. Eine alte Dame, die lange unter Depressionen litt, erinnert sich: »Ich kam mir in unserer Familie wie der verkörperte Pechvogel vor, als wäre ich mit Pech beschmiert. Irgendwie unrein, irgendwie unheimlich schuldig. Auch alles, was ich in die Hand nahm, wurde zu Pech. Erst viel später, dank einer Psychotherapie, leuchtete mir ein, dass mir ohne eine positive Einstellung kaum etwas gelingen konnte. Ein Pechvogel zieht das Pech an.« Das ungewollte Kind meint, stets im Wege zu stehen, und nimmt sich vor, lieber aus dem Wege zu gehen. Ich kenne auch Menschen, die sich die Zärtlichkeit, die sie vermissen, von Katzen oder Hunden holen, und wieder andere, die sich alsbald abseilen und Anschluss an Kindergruppen und Jugendbanden suchen. Hier möchte das Kind die Ersatzfamilie genießen, in der es sich freier fühlt und so angenommen wird, wie es ist. Wesentlich günstiger ist es, wenn das Kind rechtzeitig zu den Großeltern kommen kann und den Krieg seiner Eltern nicht direkt an der Front miterleben muss. Nicht selten breitet sich der Krieg jedoch bis ins Haus der Großeltern aus und das Kind wird zum Verbündeten gemacht. Unabhängig davon, ob seine Eltern sich scheiden lassen oder in einer Pflichtehe verbleiben, ob sie streiten oder schweigen, ob das Kind über seine Rolle bei der Eheschließung offen aufgeklärt wurde oder diese aufgrund von Andeutungen nur zu erahnen versucht, es kann ihm nicht gut gehen. In jedem Falle spürt es, dass es für das Unheil verantwortlich ist.

Dementsprechend empfindet das Kind eine massive Schuld. Einer meiner Klienten schildert seine Gefühle so:

»Bei jedem Streit meiner Eltern dachte ich, ich sei schuld, dass sie streiten. Ich fühlte mich schuldig für die Tränen meiner Mutti, die nicht trocknen wollten, nicht einmal dann, wenn ich sie tröstend streichelte. ›Wenn du nicht wärest, mein liebes Kind! Ich wollte, dass du wie alle Kinder auch einen Vater hast. Aber einen solchen Vater?! ...‹, hörte ich von meiner Mutter immer wieder. Wegen mir weint sie also. Jede ihrer Tränen wurde zum sanften Vorwurf, zur Aufforderung, ihr keinen weiteren Schmerz zuzufügen. So versuchte ich, alle möglichen Anlässe für ihr Eheleiden zu vertuschen. Damit der Papi gleich von der Arbeit nach Hause kommt und nicht unterwegs bei seinem Stammtisch rastet, rief ich ihn fürsorglich an. ›Papi, bitte, bitte, komm gleich nach Hause, ich brauche dich bei einer schweren Hausaufgabe, bitte, bitte.‹ Oft aber half meine Fürsorge gar nichts. Der Streit zwischen meinen Eltern flammte aus unberechenbaren Gründen auf. Nachdem er Mutti angeschrien hatte, verzog er sich wortlos vor den Fernseher und tröstete sich mit seiner Bierflasche. Auch für seinen Kater am nächsten Morgen fühlte ich mich verantwortlich. Ich kuschelte mich an, damit er merkte, dass ich es ihm nicht übel nehme. Da hat er mit seiner Hand auf seine sanftmütige Weise mein Haar durchwühlt und sich mir anvertraut: ›Längst wäre ich schon über alle Berge, wenn du nicht wärest ...‹ Für mich also hat sich mein Papi aufgeopfert. So sehr liebt er mich. Damit es Mutti nicht merkt, habe ich die leeren Bierflaschen weggeräumt und ihm vom Kiosk heimlich volle Flaschen gebracht. Und wenn Mutti bei mir spionierte, ob ich nicht wüsste, wie viele Flaschen Papi in sich hineinkippt, dann log ich wie gedruckt, nur eine Flasche, Mutti, wirklich, glaub mir. Mit meinem Papi habe ich mich so verbunden gefühlt wie zwei

Pferde, die zusammen einen schweren Karren ziehen müssen. Ich war das bravste Kind. Ein Ja-Sager, ein Duckmäuser. Nie habe ich mir erlaubt, meinen Ärger und meinen Kummer zu äußern. Dauernd qualmte ein Feuerchen, eine latente Gefahr, die sich rasch zu einem großen Brand ausweiten kann. Nur nicht blasen! Lieber den Atem anhalten und schlucken. Vielleicht war ich deshalb als Kind von Feuerschluckern total fasziniert. Ich übte es selber und war dafür bekannt, bei Festen in Ferienlagern Feuer zu schlucken«, erzählte er mir. Zur Zeit seines Berichtes war er selbst Vater, recht glücklich verheiratet mit einer Frau, die durchaus gut zu ihm passte. In meine Beratung kamen die beiden wegen ihres kleinen Sohnes, der nicht lernen wollte. Der Kleine wollte genauso gütig wie sein Vater sein, vergaß dabei jedoch, dass dieser sich, im Unterschied zu ihm, selbst unter Leistungsdruck setzte, um die Reibungsflächen in seiner Familie zu minimalisieren. Sein Kind musste also gar nicht für die Ehe seiner Eltern aufkommen, somit bestand keine Notwendigkeit, sich anzustrengen. Der Mann erzählte mir, dass er sich im jugendlichen Alter keine Pubertät erlaubt und versucht hatte, seine verdrängte Aggressivität durch Zündeln abzureagieren. So deutete man es in der kinderpsychiatrischen Klinik, in die er für einige Wochen eingeliefert werden musste. In Treue zu seinem Vater wurde aus ihm, da er seinen Vater heimlich beim Trinken unterstützte, auch ein Trinker. Erst seiner Verlobten zuliebe habe er eine Entziehungskur unternommen. Er sah die Notwendigkeit ein. Nie und nimmer würde er seinem Sohn eine solche Kindheit zumuten, wie er sie erlitten hatte. Nie hatte er ein gelassenes, fröhliches Kind sein dürfen. Dafür, dass er sich zu einem stets besorgten Vermittler, Helfer, Tröster und sich schuldig fühlenden

Geheimnisträger machen musste, wurde von ihm auch noch Dankbarkeit erwartet.
Kinder, deren Eltern auseinander gehen, fühlen sich zwar meist frei von der Verpflichtung, für den Zusammenhalt der Eltern zu sorgen, dafür belasten sie aber häufig Schuldgefühle, Minderwertigkeitsprobleme und das Gefühl, versagt zu haben. Ob sich die Eltern bereits früh oder später scheiden ließen oder gar keine Ehe geschlossen haben, spielt dabei keine wesentliche Rolle. Für alle Streitigkeiten zwischen seinen Eltern empfindet sich das Kind als Auslöser. Diese Ich-Bezogenheit ist etwas ganz Normales. Sie gehört zum Wesen des Kindes. Je kleiner das Kind ist, umso ausgeprägter hält es sich für den Mittelpunkt seiner magischen Welt. Auch der Mond ist nur wegen mir da, meint das Kind, damit ich in der Nacht nicht Angst haben muss. Weil ich böse war, donnert und blitzt es und der Himmel ist meinetwegen dunkel geworden. Auch die schlechte Laune der Eltern bezieht es auf sich selbst. Wegen mir ist meine Mama traurig, wirft sich das Kind vor, obwohl der Grund für die Traurigkeit nichts mit dem Kind zu tun hat. Aber auch noch jenseits des magischen Erlebens wird dem Kind bitter bewusst, dass es wirklich »der Täter« ist, wenn es seine Mutter im Gespräch mit ihren Freundinnen sagen hört, dass sein Erzeuger ihr Leben total verpatzt habe. Das Kind denkt sich: Ich bin also das verpatzte Miststück. Welches Selbstwertgefühl kann ein Kind entwickeln, wenn es die Klagen seiner Oma mitbekommt: »Das hat nicht sein dürfen! Die beiden hätten besser aufpassen müssen, so ein Malheur!« Bin ich wirklich nur ein Malheur? Habe ich überhaupt ein Recht auf das Leben? Und was muss ich alles machen, um es zu verdienen? Eine zur Depression neigende Mutter, deren demütige Haltung

sie zu einer nicht geachteten Dienerin ihrer Kinder und zur Sklavin ihres Mannes sowie ihrer Schwiegermutter machte, vertraute mir die schockierendste Erkenntnis ihrer Kindheit an. Beim Besuch im Hause ihres getrennt lebenden Vaters bekam sie sein Gespräch mit seinen Nachbarn mit. »Für ein Stündchen Gaudi muss ich jahrelang zahlen. Lieber hätte ich damals in die Spielbank gehen sollen. Dann hätte ich wenigstens gewusst, wohin mein Geld verschwunden ist.« Über das Thema Geld hatte auch ihre Mutter gejammert: »Als ob er nicht mehr hätte zahlen können. Nur das Notwendigste ... Schon wieder hat er sich mit der Zahlung verspätet ...« Bin ich also nicht einmal die Unterhaltszahlungen wert?, fragte sich die kleine Sabine, ohne dass sie auf eine Antwort gewartet hätte. Sie wusste ja, es wäre besser, gar nicht zu leben. Unzählige Male plante sie, ihrem unwerten Leben ein Ende zu setzen. Jedes Mal bewahrte sie allerdings die große Angst vor den Schmerzen davor, sich aus dem Dachfenster zu stürzen, sich die Pulsadern aufzuschneiden oder sich zu erhängen. Sabine entschied sich schließlich für Gift. Als sie bereits den Cocktail aus allen möglichen im Medikamentenschrank gefundenen Pillen zusammenmischte, kam ihre Mutter ins Badezimmer und aus dem ersten Schreck heraus gab sie Sabine eine kräftige Ohrfeige. »Du hast noch Glück, dass die Kasse die Medikamente bezahlt!« Schon wieder das Geld. Nicht einmal mein Tod darf etwas kosten. Dann aber wurde sie von ihrer Mutter in den Arm genommen und gedrückt. »Das kannst du mir doch nicht antun, Sabinchen, ich habe dich doch gerne. Was würden denn die Leute denken, wenn du dich umbringst? Wir sind sowieso schon in Verruf.« Etwas wert bin ich also doch, atmete Sabine auf. Und ein bisschen geliebt werde ich auch. Von meiner Mama. Was soll ich bloß tun, damit sie mich noch mehr liebt und schätzt? Ihr alle Wünsche von den Lippen ablesen: still sein, wenn sie ihren Liebesroman liest, ihr die Hausschuhe bringen und anziehen, schwere Einkaufskörbe tragen und die Fenster putzen? Das kleine Mädchen nahm sich vor, sich die Liebe zu verdienen. Eine typische Erklärung für manch angepasstes Verhalten.

Obwohl Kinder das höchste Glück sein können, werden sie immer öfter als Unglück erlebt. Typisch für unsere Zeit: Zwei junge Menschen verlieben sich und heiraten – oder auch nicht –, jedenfalls ziehen sie als Paar zusammen und wünschen sich ungetrübtes harmonisches Miteinander und auch eine baldige Schwangerschaft, jedoch nicht, bevor ihre Wohnung eingerichtet ist. Eine weit verbreitete hedonistische Einstellung der jungen Generation, die alles fertig bekommt, ohne sich bemühen zu müssen. Nur eines haben diese jungen Erwachsenen oft nicht, obwohl sie es sich bei der Trauung versprochen haben: den Willen, nicht nur in guten, sondern auch in schlechten Zeiten zueinander zu stehen und den anderen zu ertragen und zu tolerieren, auch wenn er sich einmal anders verhält als erwünscht. Diese ungeübte Frustrationstoleranz ist der Grund, weshalb so viele junge Ehen scheitern, sobald mit dem ersten Kind unerwartete Veränderungen und Probleme auftreten. Es reicht schon, wenn die Geburt nicht ganz sanft verläuft und der anwesende Ehemann sich gegen die Hebamme nicht durchsetzen kann, wenn das Baby unzählige Male in der Nacht aufwachte und die junge Mutter ihm jedes Mal die Brust anbietet oder wenn das Kind den Platz neben der Mama auf Kosten des Papas gewinnt. Den Statistiken nach beginnt durch das erste Kind jede zweite Ehe zu bröckeln. In knapp der Hälfte der geschiedenen Familien verliert ein Kind bis zu seinem ersten Lebensjahr einen Elternteil; meist ist es der Vater, der geht. Die Schuld gibt man oft dem Kind: Mit ihm ging die Ehe kaputt, es brachte Unheil über unsere Beziehung. Meist bleibt dieses erste dann auch das letzte Kind. Ein Einzelkind. Allerdings gilt diese Rechnung nur für diese Ehe. In vielen Fällen bekommt das erstgeborene Kind doch noch Geschwister, allerdings erst aus der zweiten oder dritten Ehe seiner Mutter oder auch seines Vaters.

Wie auch immer die individuelle Konstellation aussehen mag: Das Kind fühlt sich als Sündenbock und als Kämpfer, mal für den einen, mal für den anderen. In kaum einem Fall kann es in sich ruhen, denn innerhalb des Scheidungskrieges befindet es sich stets auf Wachposten.

Beim ersten Kind sind die Eltern meist noch unsicher

Anders kann es gar nicht sein, denn die Unsicherheit der Eltern liegt in der Natur der Dinge. Einen gewissen Vorteil haben junge Mütter, die in einer kinderreichen Familie als die Ältesten aufgewachsen sind und gelernt haben, kleine Kinder zu betreuen und zu erziehen. Aber auch bei diesen entroutinierten Frauen gehört die Schwangerschaft, die Entbindung, das Stillen zu ihren Ersterfahrungen. Nicht einmal die gemachte Vorerfahrung schützt vor Unsicherheiten, manchmal bringt sie sogar Probleme mit sich. Hierzu der Bericht einer Mutter, die selbst Erstgeborene war: »Eben weil ich in unserer Familie als die Amme meiner sieben Geschwister galt, durfte mir kein Fehler unterlaufen. Alle Verwandten haben beobachtet, was für eine tolle Mama ich selber werden würde ... Unausgesprochen haben sie mich als Vorbild der Mütterlichkeit für meine Geschwister betrachtet, damit auch sie Lust bekommen, eine Familie zu gründen. Vielleicht dachte aber auch niemand so, nur ich selbst habe mir eingebildet, dass ich jetzt auch noch als Ehefrau und Mutter zum Vorbild für meine jüngeren Schwestern werden muss, wozu ich mich immer verpflichtet fühlte. Unvorhergesehenerweise musste ich mein Baby mit Kaiserschnitt auf die Welt bringen, weil es wegen einer Nabelschnurumschlingung unter zu wenig Sauerstoff litt. Dann musste es für einige Tage auf die Intensivstation und danach machte es massive Schwierigkeiten beim Stillen.« Diese Mutter berichtete mir von dem Teufelskreis, in den sie geriet: Aus der großen Liebe zu ihrem ersehnten ersten Kind wurde Hass-Liebe. Wenn das Baby die mühselig eingeflößte Milch im Nu wieder ausspuckte, hätte sie es am liebsten gegen die Wand geworfen. Sie betrachtete die Verweigerung ihrer Brust als die Ablehnung ihrer Person, als Verletzung ihrer Mütterlichkeit. Ein ähnliches durch das Baby ausgelöstes Versagensgefühl erleiden natürlich auch viele Mütter, die in ihrer Ursprungsfamilie nicht erstgeboren waren. Allerdings fühlen sich diejenigen, die sich als ältestes Kind vorgenommen hatten, immer tüchtig und ein tadelloses Vorbild für ihre kleinen Geschwister zu sein, viel schneller in Frage gestellt. Um der zitierten Mutter zu helfen, ihr Kind unbeschwert lieben zu können, ging es uns in der Therapie darum, sie von ihrem kindlichen Zwang zu befreien, immer perfekt zu sein und Perfektes zu leisten.

Sicherlich ist es völlig normal, dass Mütter beim ersten

»Versuch« ängstlich sind. Nichts soll schief gehen. Da werden alle Ratgeber verschlungen, Gespräche mit Spezialisten geführt, die verschiedenen Vorsorgeuntersuchungen sowie eingehende Selbstbeobachtungen unternommen, die Gewichtszunahme und der Zustand der Nahrungsmittel kontrolliert und die Bewegungen des Babys beobachtet. Man möchte alles richtig machen. Sorgfältig wird überlegt, welche Entbindungsart und welche Geburtsklinik in Frage kommen und welcher Arzt bzw. welche Hebamme das Geschehen begleiten. Die Frau prüft, wie sich ihr Mann verhält. Wird er die Entbindung ohne hinausgehen zu müssen durchstehen? Wird er sich beim Wickeln geschickt anstellen? Wird er liebevoll oder streng mit seinem Kind sein? Aber auch der Mann beobachtet seine Frau, wie sie sich durch das Kind verändert hat. Ob sie dem Kind gestattet, sich auch von ihm trösten zu lassen, oder ob sie seine väterliche Autorität beim Kind untergräbt? Ängstlich fragt er sich auch, ob sie nun lieber mit dem Baby als mit ihm schmust. Selbst das, was normalerweise eher unbedeutsam ist, bekommt auf einmal Gewicht. Dem Anfänger gelingt es kaum, gelassen zu sein. Angespannt, nervös, selbstkritisch, beobachtend, kontrollierend, blauäugig, überdreht, voller Lampenfieber ... so geht es auch einem Menschen, der zum ersten Mal ein Auto steuert oder bei einer öffentlichen Versammlung eine Rede hält. An diesen Beispielen wird deutlich, dass die innere Spannung deshalb zu Tage tritt, weil die Übernahme der Elternrolle ein entscheidender Schritt zur Selbstbehauptung ist und die eigene Identität gefordert wird. So gesehen ist es verständlich, dass sich die junge Mutter in Frage stellt: Sind meine Instinkte noch wach? Bin ich belastbar genug? Natürlich erhofft sie sich positive Antworten. Sie ist guter Hoffnung. Wortgetreu ist im Wortschatz aller Völker die beginnende Mutterschaft als Zustand der Hoffnung beschrieben. Hoffnung ist jedoch keine garantierte Sicherheit. Auf der Rückseite dieser Münze zeigt sich Zweifel. Um diesen Zweifel zu minimalisieren, wird der Erfolg immer wieder überprüft. Saugt das Baby regelmäßig und kräftig genug? Entspricht sein Gewicht der Körperlänge? Schläft es ausgiebig? Schadet das Tragen im Kängurusack seiner Wirbelsäule nicht? Auch nach den so genannten Entwicklungsgittern wird getestet: Lächelt es zurück, wenn man es anlächelt? Kann es schon selbständig, ohne die Unterstützung der Mutter sitzen? Gott sei Dank kann sich der kleine Schatz bereits aufrichten. Krabbeln kann er auch schon, noch nicht so ganz regelmäßig, dafür aber lange Strecken. Wie beruhigend. Diesen Punkt können wir also abhaken. Laut Tabelle sollte er die ersten Worte sprechen. Es sind bisher nur zwei, soll ich mir Sorgen machen, warum das dritte Wort noch nicht kommt? Vielleicht sollte ich einen Logopäden fragen? Möglicherweise lacht dieser mich aber aus. Denn mein Sorgenkind ist in seiner Entwicklung nur zwei Monate zurück. Meine Mutter kann ich nicht fragen, sie meint, ich mache mir zu viele Gedanken. Sie habe bei mir die Entwicklungsgitter nie benutzt und dennoch habe ich alles gelernt.

Kaum jemand denkt daran, dass alle Zweifel und Selbstzweifel sofort auf das Kind übertragen werden. Über den Hormonhaushalt der Mutter nimmt das Kind schon im Bauch an allen ihren affektiven Regungen teil. Alle ihre Ängste und Unsicherheiten erleidet das Baby zusammen mit seiner Mama. Darüber gibt es zahlreiche wissenschaftliche Untersuchungen. Sobald die werdende Mutter in eine leichte Verunsicherung gerät, zum Beispiel ob sie die ihr angebotene Zigarette anzünden oder verweigern soll oder wenn bei der Ultraschalluntersuchung der Arzt eine etwas skeptische Äußerung über die Intensität der fetalen Bewegungen macht, reagiert das Baby sofort mit schnellerem Herzschlag und Bewegungsunruhe. Erstaunlicherweise kann ein Baby alle von der Mutter erlittenen Plagen ohne Schaden ertragen, wenn sich diese auf andere Anlässe beziehen. Es erleidet mit ihr zusammen die Ängste vor einem Erdbeben, vor einer Hungersnot oder die Flucht aus der bedrohten Heimat. Von diesen Ängsten lässt sich das Kind dennoch nicht anstecken, falls es die eindeutige Einstellung seiner Mutter spürt: »Wir machen eine schlimme Zeit durch, eigentlich passt mir zu dieser Zeit die Schwangerschaft gar nicht, aber ich nehme dich an und irgendwie schaffen wir es zusammen oder wir gehen zusammen unter.« Die Ängste jedoch, die sich nur auf das Kind beziehen, nimmt das Baby als sein eigenes Leiden sofort wahr. Die Seele des Kindes aber will vorbehaltlos, ohne Bedingungen, angenommen werden. Wie in einen festen, ruhigen Hafen möchte das Schiffchen hineinfahren können, es möchte hier sicher ankern und Energie tanken. Ein unruhiger Hafen gewährt keine Sicherheit. In der Bindungsforschung von John Bowlby wird dafür der geprägte Begriff der »secure base« verwendet. Auch noch lange nach der Geburt spürt das Kind die Gefühle seiner Mutter. Jede Zweideutigkeit, jedes unklare Ja oder Nein irritiert, ja traktiert das Kind. Und je mehr sein Verstand zunimmt, desto mehr begreift das Kind, dass es in vielen Fällen um seine Leistungen geht und dass diese Leistungen der Mama und dem Papa und vielleicht auch den Omas und Opas ganz wichtig sind. Denn gerade bei dem Erstgeborenen erhofft sich die Familie mit ganz besonderem Nachdruck, dass alles bestens läuft. Je leistungsbetonter eine Familie ist, umso konzentrierter wird auf das Leistungsniveau des Erben geschaut. Ohne höhere Schulbildung, ohne Beherrschung von Informatikkenntnissen bist du heute nichts. Und weil es die Eltern gut meinen, möchten sie, dass ihr Nachkomme fit für die Zukunft wird! Je mehr Liebe ihm entgegenkommt und je größer der Stolz auf ihn ist, umso mehr bangt man um seinen Platz im Leben. Dieses Bangen ist verständlich, denn wer sich nur ein bisschen in der Erziehungsszene auskennt, weiß, dass die meisten der Kinder, die in Erziehungsberatungsstellen und in kinderpsychiatrischen Ambulanzen von besorgten Eltern wegen ihrer Auffälligkeiten (Schlafstörungen, Entwicklungsstörungen, Teilleistungsschwächen und Verhaltensauffälligkeiten aller Art wie Autismus, Hyperaktivität, ADS oder tyrannisches Verhalten) vorgestellt werden, eben Erstgeborene sind. Im Rahmen einer Untersuchung, die die Wirksamkeit der Festhaltetherapie ermittelte, wurde nachgewiesen, dass fünfundneunzig Prozent der Teilnehmenden ein therapeutisches Seminar besuchten, weil sie Probleme mit ihrem erstgeborenen Kind hatten. An zweiter Stelle (mit siebenundsiebzig Prozent) wurden Eheprobleme genannt. Wie sich im Laufe des therapeutischen Prozesses zeigte, bedingten sich die zwei Problembereiche in der Mehrzahl der Fälle gegenseitig: Wegen des ersten gemeinsamen Kindes kam das Ehepaar in einen dauerhaften Konflikt und entfremdete sich voneinander oder die Eltern zogen in einen so genannten Rosenkrieg, ihr Kind geriet zwischen die zwei verfeindeten Lager und wurde somit zum Symptomträger. An dritter Stelle wurde mit sechzig Prozent die Geburt des zweiten Kindes genannt, an vierter Stelle das dritte Kind. Nur in knapp fünf Prozent der Fälle war eins der weiteren Kinder der Grund für die Behandlung. Dieser Verteilungsschlüssel ist durchaus repräsentativ. Auch in meiner langjährigen klinisch-therapeutischen Arbeit habe ich die Erfahrung gemacht, dass Jungen mehr Probleme machen als Mädchen.

Im Zugabteil hörte ich, wie sich zwei junge Mütter unterhielten. Eine der Frauen hatte ihr Kind noch im Bauch, offensichtlich aber nicht mehr lange. Die andere Mutter wickelte ihr etwa fünf Monate altes Kind und gab ihm dann die Brust. Vergnügt lachte das Baby die Mama an.

»Wie lässig du das alles schaffst«, sagte die Schwangere. »Wenn ich es bloß so könnte! Ich habe solche Angst.«

»Die Angst kenne ich«, tröstete sie die stillende Mutter. »Ich traute mich anfangs nicht einmal, mein Baby in den Arm zu nehmen, geschweige denn es zu baden. Wenn mir mein Mann es nicht gezeigt und mich nicht aufgemuntert hätte, dann wäre ich vor lauter Angst bestimmt abgehauen. Zunächst hat er mir nur das Stillen überlassen, selber hätte er es ja nicht machen können. Aber auch beim Stillen brauchte ich das Gefühl, er unterstützt mich. Mich in seinen starken Armen zu wissen hat mir sehr geholfen.«

»Wie kommt es, dass dein Mann es mit dem Baby so gut kann?«

»Ich bin seine zweite Frau. In der ersten Ehe hatte er vier Kinder. Ich dagegen war ein Einzelkind und lernte nur Barbie-Puppen anziehen.«

»Da hast du Glück. Ich bin auch Einzelkind. Und mein Mann auch. Er hat genauso Angst wie ich. Jetzt sind wir uns nicht einmal sicher, ob die Hebamme, die wir nach langem Suchen gewählt haben, die richtige ist.«

»Warum habt ihr das Vertrauen in die Hebamme verloren?«

»Weil sie uns gesagt hat, dass wir beide, ich und mein Mann, zu ängstlich sind.«

»Mhm.«

Hier konnte ich mich nicht mehr zurückhalten und mischte mich in das Gespräch ein: »Zu der Hebamme dürfen sie Vertrauen haben. Sie ist erfahren.« Die werdende Mutter schaute mich verblüfft an und fragte mich: »Woher wissen sie das?«

»Weil sie ihre Ängste ernst nimmt. Und wenn sie bereit ist, Sie als Anfänger zu achten und Sie stark zu machen, damit Sie Ihre übermäßigen Ängste überwinden, dann ist sie wohl nicht nur eine erfahrene, sondern auch eine sehr gute Hebamme«, versuchte ich die junge Frau aufzumuntern. Ich forderte sie auf, ihre Hände auf ihren Bauch zu legen, ihr Kind auf diese Weise zu umarmen und ihm zu sagen: »Wir haben eine sehr gute Hebamme gefunden. Wir schaffen es.«

Sie folgte mir scheu und sprach sehr leise. Zum Schluss des Satzes versagte ihre Stimme.

»Lauter. Sagen Sie es nochmals und lauter. Lassen Sie es Ihr Kind hören und spüren.«

Sie sprach lauter. Zum Schluss aber sagte sie nicht: »Wir schaffen es«, sondern »Wir versuchen es«. Ich bemühte mich, ihr zu mehr Entschlossenheit zu verhelfen, also gab ich nicht auf.

»Was möchte Ihr Baby lieber hören«, fragte ich, »dass Sie es schaffen oder dass Sie es versuchen?«

»Ja, ich weiß, meinem Baby wäre es lieber, dass ich es schaffen würde. Aber ehrlich sagen kann ich es nicht. Ich versuche es. Ehrlich.«

»Sagen Sie Ihrem Kind die letzten Worte! Sie klingen eindeutig. Und spüren Sie, ob sich Ihr Baby darüber freut.«

Sie tat es und lachte jetzt. »Es freut sich.« Ihre Stimme klang sicherer.

»So ähnlich ging es mir auch. Ich versuchte, eine gute Mutter zu sein«, stimmte die stillende Mutter zu. »Sicherlich geht es auch vielen anderen Erstgebärenden ähnlich wie mir und Ihnen. Von allen Seiten höre ich, dass das erste Kind eben ein Versuchskaninchen ist.«

Damit der erste ehrlich gemeinte Versuch um das Wohl des ersehnten Kindes mit Sicherheit gelingt, tun die Eltern alles dafür. Häufig bekommt dann das erste Kind viel mehr, als es brauchen kann. In diesen Fällen lässt sich der berühmte Spruch »Weniger ist mehr« in »Mehr ist weniger« umkehren. Von verkrampften Eltern bekommt das Kind weniger Gelassenheit und weniger vorbehaltlose Annahme. Im Grunde tut es einigen Erstgeborenen gut, wenn sich die Aufmerksamkeit der Eltern auf das nächste Kind verlagert.

Eine Konstellation möchte ich zum Schluss noch kurz erwähnen. Kinder, die den abwesenden Vater bei der Mutter oder die abwesende Mutter beim Vater vertreten müssen, dürfen nicht Kind sein. Es gibt noch andere »Opfergänge«, die sehr oft eben die Erstgeborenen antreten müssen, damit der Ausgleich im System der Familie gelingt. Er oder sie ist der Erste, der zur Verfügung steht. Dieser speziellen Problematik werden wir uns an späterer Stelle noch ausführlicher widmen.

Das verlorene Königreich

Spätestens hier sollte der Unterschied zwischen Erstgeborenen und Einzelkindern klar geworden sein. Was Einzelkinder gewonnen haben, bleibt ihnen erhalten. Eher bekommen sie im Laufe des Lebens noch mehr dazu. Manchmal gewinnen sie sogar weit mehr, als sie überhaupt brauchen können. Nicht selten wird dadurch die Entfaltung ihrer Selbständigkeit und Lebenstüchtigkeit verhindert. Das Einzelkind hat nicht die gravierende Erfahrung des Verlierens durchstehen müssen, es hat aber auch die Rolle des Ältesten nicht genießen dürfen. Und obwohl es jahrelang in seiner kleinen Familie lernte, über vieles zu entscheiden und zu bestimmen, wird es zum »Schäfer ohne Herde« oder zum »Fürst ohne Gefolge«, wie es Karl König treffend ausdrückt.

Die Erfahrung des Verlierens, die der Erstgeborene durchmachen muss, lässt sich auch nicht ganz mit der Erfahrung des Spätgeborenen vergleichen, der mit der Ankunft eines nächsten Geschwisterchens konfrontiert wird. Denn ein Spätgeborener hat nicht so viel gewonnen wie der Erstgeborene. Demzufolge hat er also auch nicht so viel zu verlieren, da er niemals alle Vorteile genoss. Die

Mittelpunktrolle gehörte ihm nie ganz. Von Anfang an musste er mindestens mit einem Geschwister teilen. Tagtäglich konnte er merken, dass seine Mutter nicht nur mit ihm schmuste und nicht nur ihm eine dicke Schicht Nutella aufs Brot schmierte. Auch konnte er mit Erleichterung feststellen, dass es noch ein anderes Kind gab, von welchem dies und jenes verlangt wird oder das gescholten wurde, sodass er selbst sich heraushalten konnte. Schon bei seinen ersten Versuchen, krabbelnd in die Welt eines anderen einzudringen, erfuhr er, was es heißt, weggeschubst zu werden oder aber sich hinter dem Rücken des Älteren zu verstecken und unauffällig seinen eigenen Weg zu gehen.

Kaum eine andere kindliche Erfahrung ist so einschneidend wie die des Einzelkindes, wenn es ein Geschwisterchen bekommt. Es ist für das Kind die erste große Lebensprüfung, die es durchzustehen hat. Mit dem Geschwister wird alles anders. Das Vertraute schwindet. Bis dahin konnte sich das Erstgeborene als Teil der Erwachsenenwelt fühlen. Seinem Empfinden nach war diese Welt wegen ihm und für ihn da. Nun gehört ihm diese Welt nicht mehr voll. Sie wendet sich einem anderen Stern zu. Das Kind fühlt sich ausgeschlossen, auf sein Eigenes zurückgeworfen. Im Denken und Fühlen ist es schon so weit, dass es diese erste Lebenskrise bewusst verarbeiten muss. Diese umwerfende Erfahrung kann mit einer großen Angst einhergehen, sie kann aber auch die Weichen für eine große Chance stellen.

Kain, Jesus, Galileo Galilei, Martin Luther, Mahatma Gandhi, Albert Einstein, Adolf Hitler, F.D. Roosevelt, Mao Tse-tung, Königin Elizabeth, Sophia Loren, Václav Havel ... sie alle haben erfahren, was es heißt, erstgeboren zu sein. (Allerdings wissen wir es bei vielen nicht ganz sicher, ob sie wirklich erstgeboren waren. Einigen gingen Kinder voran, die kurz nach der Geburt namenlos gestorben sind und die man daher in der Familienchronik nicht erwähnte. Bei anderen werden die Halbgeschwister nicht erwähnt, die ein Elternteil in seine neue Ehe brachte. So war zum Beispiel Adolf Hitler nur scheinbar ein Erstgeborener. Wie viele Kinder seiner Mutter vor seiner Geburt oder kurz nach der Geburt gestorben sind, ist heute nicht mehr feststellbar. Es ist lediglich bekannt, dass Adolf das erste überlebende Kind seiner Mutter war. Seitens seines Vaters war er keinesfalls das erste Kind, denn dieser hatte schon zwei Kinder aus seiner früheren Ehe und brachte sie in die neue Ehe mit. Dagegen können wir uns bei Jesus sicher sein – sofern wir uns auf die in der Bibel genannten Informationen verlassen –, dass er das erste Kind von Maria war und nicht ihr letztes. »... und sie gebar ihren Sohn, den Erstgeborenen«, steht es bei Lukas, 2, 7.

Die eben Erwähnten haben sich alle dem einschneidenden Verlust der Einzelkindrolle gestellt und sind dadurch zu besonderen Persönlichkeiten gereift. Ihre Stärke drückt sich in besonderem Ehrgeiz aus, einer besonderen Führungsqualität, einem großen Verantwortungsgefühl, Pflichtbewusstsein, Ernsthaftigkeit sowie Treue gegenüber den Traditionen bzw. der Nation. Meist sind sie bei allem auch besonders belastbar. Um noch einmal mit Karl König zu sprechen: Der Schäfer bekam seine Herde und der Fürst sein Gefolge.

Wie die kurze Auflistung der Erstgeborenen und ihrer Persönlichkeitseigenschaften zeigt, werden diese nicht nur in den Dienst des Guten gestellt, sondern dienen unter Umständen auch dem Bösen. Sicher gibt es auch bei Spätgeborenen Führer und Stars, allerdings unterscheiden sich diese in ihrer Ausrichtung. Erstgeborene bestehen mit großer Überzeugung auf übernommenen Dogmen, Spätgeborene dagegen sind häufig Anführer von »ketzerischen«, anarchistischen Revolten gegen vorhandene Ordnungen (exemplarisch seien W.J. Lenin, Rudi Dutschke und Edith Stein genannt). Schon als Kind haben Spätgeborene dieses Aufbäumen gegen eine starke legale Macht mit der Leidenschaft des Unterdrückten geübt. Spannend wäre es sicherlich, die Lebensläufe historischer Berühmtheiten einmal daraufhin zu untersuchen. Doch darum geht es nicht in diesem Buch. Wie auch immer die Biografien ausgesehen und wie berühmt die Einzelnen geworden sind, allen gemeinsam ist das Schicksal des Erstgeborenen mit seinem Glanz und seinem Gloria einerseits und den Verlusten und Niederlagen andererseits. Und die Saite zwischen diesen zwei Polen ist gleich dramatisch gespannt, ob es sich um ein Leben im Königspalast handelt oder in einer Arbeiterfamilie.

Mit der Ankunft des Geschwisters verändert sich all das, auf das sich das Kind bisher verlassen konnte. Das Kinderzimmer, das dem Erstgeborenen bisher allein gehörte, scheint nun ausschließlich dem Baby zu gehören. Auch der Papa verhält sich anders als zuvor. Beim Einkaufen trägt er mich nicht mehr auf den Schultern, sondern das Baby im Kängurusack vor seiner Brust. Noch mehr aber hat sich die Mama verändert. Durch die »anderen Umstände« ist sie einfach anders geworden. Sie riecht nach Milch oder auch nach den vollen Windeln des Babys. In hohen Tönen zwitschert sie ihm Zärtlichkeiten zu. Nur ihm. Als wäre dieses Baby ein einmaliges Ding zum Schmusen und als wäre sonst niemand da. Aber diese Art des Schmusens ist mir nicht unbekannt. Früher gehörte dieses Liebesgeflüster mir. Nur mir. Bis es mir manchmal zu viel wurde. Jetzt vermisse ich es. Aber die Mama spürt meine Sehnsucht danach überhaupt nicht. Im Gegenteil. Sie hört mir oft gar nicht zu. Wenn ich sie anspreche, sagt sie: »Jetzt sei endlich still, sonst schläft das Kleine nicht ein.« Drehe ich ihr Gesicht zu mir, damit sie mich endlich sieht und merkt, wie ich sie brauche, höre ich immer wieder, sie habe jetzt keine Zeit. Sie müsse nun in aller Ruhe stillen und das Baby wickeln. Alles dreht sich nur noch um das Baby. Sogar alle Nachbarn, Omas, Opas, Tanten und Onkel fragen nach dem Baby und wollen es sehen. Extra deswegen kommen sie zu uns. Nicht wegen mir. Keiner fragt nach mir, wie es mir geht ...

Bereits im Vorwort habe ich meinen Einwand gegen den Begriff »Entthronung« angedeutet. Zu viel Ironie steckt dahinter. In dieser metaphorischen Begriffsschöpfung ist die Rachelust eines zweitgeborenen Bruders gegen den Erstgeborenen erkennbar. Wenn man sich mit unvoreingenommenem, freiem Herzen in die Lage des betroffenen Kindes einfühlt, spürt man, dass sein Schmerz tief sitzt und bis zu den Wurzeln geht. Von daher lässt sich das Trauma des Kindes eher mit einer Entwurzelung vergleichen. Der Planet, auf dem man bisher sicher stand und mit dem man sich sicher durch das Universum drehte, wackelt nun unter den Füßen und man verliert seinen festen Stand.

Die Chancen zur Bewältigung des Traumas

Bevor wir auf die Bewältigung traumatischer Erfahrungen in der Geschwistergruppe eingehen, will ich die zwei Grundbedürfnisse erläutern, deren Sättigung für die gesunde Persönlichkeitsentwicklung entscheidend ist. Die Ausbildung dieser beiden Bedürfnisse erfolgt stufenweise, so wie ein Baum aus seinen Wurzeln heraus nach oben wächst. Je fester er in den Nährboden eingebunden ist, umso kräftiger kann er sich gegen Widerstände, z.B. die Gravitationskraft der Erde und das Auftreten von Stürmen, behaupten, sich stabilisieren und später reife Früchte tragen. Nun ist es wichtig, zuerst diese Stufen zu erläutern. Warum? Weil die Verwundung der allermeisten Erstgeborenen während dieser Zeit geschah. Das Kind sehnte sich nach sofortiger Hilfe, nach Unterstützung, Trost, Aufmunterung und Bestätigung, oft ohne sie zu erhalten. Schauen wir uns diese Stufen im Einzelnen an:

Die orale Phase

Den Begriff verdanken wir der Tiefenpsychologie (S. Freud). Sie erkannte, dass der Mund (lat. os, oris) für das Kind bis zum Alter von etwa ein bis eineinhalb Jahren von großer Wichtigkeit ist. Indem das Kind an der Mutterbrust trinkt und erste Laute und Worte nachahmt, ist es noch mit der Mutter verbunden. Andere Forschungen über die frühe Bindung ergaben, dass sich das tiefe Grundbedürfnis nicht allein über den Mund äußert, sondern durch die ganzheitliche leiblich-seelische Wahrnehmung der Symbiose mit der Mutter. Diese Symbiose ist dem Kind schon vom Leib der Mutter her vertraut und so hat es das instinktive Bedürfnis, sie noch gut ein Jahr lang nach der Geburt fortzusetzen. Diesem Urbedürfnis tragen die technisch noch unterentwickelten Völker am ehesten Rechnung, die das Baby im Tragetuch am Körper der Mutter und anderer vertrauter Bezugspersonen ständig versorgen. Über die Bindung mit der Mutter möchte das Kind vor allem seine Geborgenheit finden, und die entsteht eben dadurch, dass sich das Kind auf die vorbehaltlose Liebe der Mutter und ihre Reaktionen vollkommen verlassen kann. Erst unter diesem bewährten Schutz traut es sich, das Nest (»secure base«) allmählich zu verlassen, die Welt neugierig auszukunden, Widerstände zu leisten und auch zu ertragen.

Die anale Phase

Diese Phase ist ebenfalls tiefenpsychologisch begründet. Die Benennung bekam sie nach dem Körperteil, der an der Reifestufe des zweiten und dritten Lebensjahres große Bedeutung erlangt. Es geht um den After (lat. anus) dessen Beherrschung dem Kind die Möglichkeit gibt, »so groß« zu sein wie die Erwachsenen, aber auch die Sauberkeitserziehung aus Trotz zu verweigern. Dieses Bedürfnis, die eigene Mächtigkeit zu erproben, bezieht sich auch auf viele andere Bereiche, an denen das Kind sein »Ich« nach dem Vorbild des »Du« behauptet und beginnt, seine Stärken und Schwächen zu erkennen, und auch gegen die elterlichen Forderungen und Verbote Widerstand leistet. Aufgrund dieser Erfahrungen wächst allmählich das Bewusstsein der Ich-Identität und ein Streben nach Loslösung setzt ein. Der Volksmund spricht schlicht von der Trotzphase. Auch dieses Alter verbringen Kinder der primitiven Kulturkreise noch weitgehend im Tragtuch. Dies hat u.a. zur Folge, dass die impulsive Aggressivität der Kinder eine wohltuende Steuerung erfährt und die Kinder alle Gefühle am Körper der Bezugsperson ausleben können, ohne dafür bestraft oder verstoßen zu werden. So wird dem Kind auch an dieser Stufe bestätigt, dass es trotz aller Probleme vorbehaltlos angenommen wird. Noch unter dem Schutz des Nestes lernt es, mit Zorn umzugehen und sich zu konfrontieren, wenn es Enttäuschungen verarbeiten muss.

Bindung versus Loslösung, Geborgenheit versus Durchsetzungskraft, so lauten die beiden großen Grundbedürfnisse, die einander gegenüberstehen: Das eine geht ohne das andere nicht. Man kann sich nicht loslösen, wenn man nicht vorher gebunden war. Und man kann die Durchsetzungsversuche erst wagen, wenn man die Gewissheit hat, ins geborgene Nest zurückkehren zu können. Diese beiden Grundbedürfnisse beherrschen den Menschen sein ganzes Leben lang. Jeder von uns braucht die Bindung zu anderen Menschen, insbesondere zu Menschen seiner Gegenwarts- und Herkunftsfamilie. Und gleichzeitig muss er sich immer wieder loslösen: von seiner Kindheit, seiner Jugend, seinem Elternhaus, den eigenen Kindern, dem Berufsleben und letzten Endes auch vom Leben selbst. Je nachdem, unter welchen Bedingungen das Kind Geborgenheit erfuhr, wie und ob es sich auf nahe Bindungen verlassen konnte, ob es Widerstände leisten und auch ertragen durfte, ob und wie es den Umgang mit eigenen aggressiven Impulsen lernte, werden sich diese Lebenshaltungen bis ins Erwachsenenalter fortpflanzen. In der Volksweisheit war diese entwicklungspsychologische Gesetzmäßigkeit schon immer bekannt: »Was das Hänschen nicht lernte, lernt der Hans nimmermehr.«

Schema der zwei Persönlichkeitsphasen

Die Phasen sind von unten nach oben dargestellt, wie auch alles, was wächst. Die Übergänge von einer Phase in die andere sind fließend.

Phase	**Grundbedürfnisse**	**Alter**
Anale Phase	LOSLÖSUNG WILLEN ICH-IDENTITÄT TROTZ	2–3 Jahre
Orale Phase	RÜCKVERSICHERUNG in »secure base« LUST am Widerstand GEBORGENHEIT BINDUNG FORTSETZUNG der	Bis 1 ½ Jahre
Geburt	symbiotischen Bindung mit der Mutter	Geburt

REGRESSION

Falls eines der beiden Grundbedürfnisse ungesättigt bleibt oder, noch schlimmer, verletzt wird, gerät das innere Gleichgewicht in Aufruhr. In der Wissenschaft wird dieses

Gleichgewicht Homöostase oder auch Äquilibration genannt. Aber wie es die Professoren bezeichnen, ist dem kleinen Kind egal. Es spürt nur einen bodenlosen, für ihn namenlosen Schmerz. Das aus den Fugen geratene innere Gleichgewicht schlägt Alarm, um beschwichtigt zu werden. Hier wirken von der Natur angelegte Systeme der Selbstregulation. Bei sehr sensiblen Seelen leuchtet sofort ein rotes Kontrolllicht auf. Wird das Kind im vollen Aufschwung der analen Phase zutiefst verängstigt, verschließt es sich vor Neuem und fällt in die orale Phase zurück. Hier wiederholt es das Vertraute. Es möchte lieber klein als groß sein. Deshalb verzichtet es auf Selbständigkeit, um sich wie ein Baby versorgen zu lassen. Auch auf die Sprache färbt das Babyhafte ab. Die schon erlernte Sauberkeit bildet sich zurück. Feuchte, warme Windeln gehören zu den Empfindungen des Nestes. Diesen Überlebensmechanismus nennen wir Regression.

Echte Hilfe kann in diesen Fällen nur von den Eltern, vor allem von der Mutter kommen. Nur wenn diese nächsten Bezugspersonen mit ihrer Liebe, ihrer Treue und ihrer Eindeutigkeit dem Kinde voraussagbar erscheinen, fühlt es sich geborgen. Falls die Geborgenheit jedoch ausbleibt, fühlt sich das Kind gezwungen, mit Hilfe bestimmter leicht erreichbarer Ersatzbefriedigungen eine gewisse Sicherheit herzustellen. In der Regel eignen sich für solche Ersatzbefriedigungen leblose Dinge und Handlungen, die nach bestimmten voraussagbaren Schemata funktionieren. Hauptsache, man hat etwas, auf das man sich verlassen kann. Die Streubreite solcher Ersatzmittel reicht vom Schnuller über die Flasche bis hin zum Essen, vom eingeschalteten Nachttischlämpchen bis hin zur Fernbedienung von Fernseher oder Computer, vom stereotypen Wiederholen bestimmter Spiele bis zur Arbeitssucht. Da es sich aber nur um einen Ersatz handelt und nicht um eine wahre Hilfe, bleibt das eigentliche Bedürfnis ungesättigt. Und eben weil die Sättigung ausbleibt, fühlt sich das Kind gezwungen, die Handlungen stets zu wiederholen. Mit der Zeit wird dieser Kreislauf dann zur Gewohnheit und die Gewohnheit zu einem wirklichen Zwang. Bei sensiblen Persönlichkeiten, die darüber hinaus über eine gewisse Suchtstruktur verfügen, kann die wiederholte Anwendung der Ersatzbefriedigung zur suchtartigen Abhängigkeit führen. Als Beispiel dafür kann uns das Trinken dienen. Hat das Kind bei der Flasche den zuverlässigeren Trost als bei der Mama gefunden, kann diese primäre Erfahrung zur Trinksucht führen. Allerdings wird nicht jeder, dem die Mama die Flasche in die Hand gedrückt hat, anstatt ihn auf ihren Arm zu nehmen, später Alkoholiker. In den folgenden Kapiteln wollen wir die Persönlichkeitsstufen ausführlicher unter die Lupe nehmen.

Bereits jetzt wird deutlich, dass viele Faktoren im Spiel sind, wenn ein Einzelkind durch veränderte Lebensumstände traumatisiert wird. Wenn wir nun die wichtigsten Umstände wie Alter, Geschlecht, angeborene Persönlichkeitszüge und Position bei den Eltern betrachten, geschieht dies nicht mit Anspruch auf Vollständigkeit, sondern aus dem Wunsch heraus, trotz der Breite der einzelnen Verarbeitungsmöglichkeiten möglicherweise einen gemeinsamen Nenner herauszuarbeiten.

Welche Rolle spielen das Alter des Kindes und der Altersunterschied zu den Geschwistern?

»Wir wollen zwei, höchstens drei Kinder haben und die sollen am besten schnell hintereinander kommen, damit wir schnell wieder aus dem Gröbsten raus sind. So werden wir dann noch lange schöne Unternehmungen mit der ganzen Familie machen können.« – »Das zweite Kind soll erst einige Jahre später kommen. Wie ich mich kenne, werde ich schon mit dem ersten Kind alle Hände voll zu tun haben. Zusätzlichen Stress muss ich mir nicht zumuten.« Solche Sätze hören wir oft. Wenn die Eltern den Kindersegen planen, richten sie sich meist nach ihren eigenen Bedürfnissen und ihrer Belastbarkeit. Weniger häufig plant man das nächste Kind, indem man sich in das Erstgeborene hineinfühlt. Eine junge Mutter beklagte sich bei mir: »Mein Kind ist erst sechs Monate alt und ich bin schon wieder schwanger. O Schreck! Wie schaffe ich es bloß mit zwei noch so kleinen Kindern?« Die gleiche Mutter fragte aber nicht, wie es ihr erstgeborenes Kind schaffen würde. Eltern, die in ihrer Herkunftsfamilie selbst Erstgeborene waren, denken am ehesten darüber nach. Zweifellos spielen das Alter des Kindes und damit bedingt seine jeweiligen Bedürfnisse sowie der Altersunterschied zwischen ihm und dem Zweitgeborenen eine erhebliche Rolle.

Das zwölf bis achtzehn Monate alte Kind ist noch voll und ganz in der oralen Phase verankert. Es verfügt noch nicht über das logische Denken, um die Veränderung intellektuell nachzuvollziehen. Es nimmt sie vielmehr mit seinen Sinnen, sozusagen »mit dem Bauch« wahr. Zunächst vermisst es die Mama, wenn diese wegen der Entbindung von zu Hause fort ist. Findet die Entbindung zu Hause statt, dann stürmt auf das Kind eine riesengroße Aufregung ein. Sie ist vielleicht vergleichbar mit der Verängstigung von Küken, in deren Nest plötzlich ein großer fremder Vogel eindringt. So empfindet das kleine Kind die Hebamme, die sich in seiner Wohnung breit macht. Zunächst betrachtet es das neugeborene Geschwister nicht viel anders als ein anderes merkwürdiges Ding, das neu dazugekommen ist. Ähnliche außergewöhnliche Gegebenheiten konnte das Kind ohne weiteres verkraften, solange es bei der Mama war. Auf ihrem Schoß. Nun aber ist dieser Schoß nicht mehr frei. Hier schreit und trinkt das neue Wesen. Angesaugt an die Mama. Sprachlich kann sich das daneben stehende Kind noch nicht mitteilen, seine Zweifel, seine Ängste und seinen Schmerz kann es kaum ausdrücken. Es verfügt höchstens über einige wenige Worte, kann aber noch keine Fragen stellen oder Begründungen verstehen. Seine einzigen Kommunikationsmittel sind seine Hände, die zeigen, herziehen und wegschubsen können, sein ganzer Körper, der sich an die Mama klammert, oder sein Schreien und Weinen, das signalisiert, wie es ihm ergeht. Aber mit diesen Mitteln kommt es bei der Mama nicht mehr an. Im Gegenteil: Je verzweifelter das Kind versucht, die Mama auf sich aufmerksam zu machen, umso weniger fühlt es sich angenommen. Und je weniger angenommen es sich fühlt, umso mehr steigt der Pegel seiner Angst und umso verzweifelter werden die Versuche, die Mama zu erreichen. Aber es wird alles noch schlimmer. Schon der Versuch, die Mama am Pulli zu ziehen, mündet in wütendes Aufschreien: »Hör auf, gib doch Ruh!« Das Kind macht die Erfahrung: Anstatt mich auf ihren Schoß zu nehmen und auch mir ihre Brust zu geben, steckt sie mir einen Schnuller in den Mund und setzt mich in die Spielecke ab. Sie ist völlig anders, als sie vorher war. Unberechenbar. Verlassen kann ich mich auf ihre Zuwendung nur, wenn ich ruhig bin, geduldig warte und ihr nicht im Wege stehe. Dagegen sind die Gegenstände in meiner Spielecke immer voraussagbar. Wenn man die Schnur am Hampelmann zieht, dann springt er und macht die Beine auf und zu. Wenn ich den Schalter an der Lampe drücke, dann geht das Licht an und aus. Auch auf den Papa kann ich mich verlassen. Zwar ist er viel seltener da, dafür aber macht er mit mir immer das Gleiche. Er wirft mich hoch in die Luft und fängt mich wieder auf. Wenn ich auf seinen Schoß klettere, schiebt er mich nicht weg, sondern räumt mir einen schönen Platz ein und spielt mit mir »Hoppe hoppe Reiter«.

Das kleine Kind ist noch vollkommen abhängig von der Bindung an die Mutter, die ihm durch ihre Voraussagbarkeit das Gefühl der Geborgenheit vermittelt. Jede Verletzung dieses tiefsten, über die weitere Entfaltung der Persönlichkeit entscheidenden Grundbedürfnisses stiftet existenzielle Ängste. Der Achterbahn seiner Gefühle ausgeliefert, bräuchte das Kind im Grunde wirklich nur die Bestätigung, dass ihm die Mama noch immer gehört. Praktisch heißt das: Auf diesem Schoß, in diesem Arm habe ich meinen Platz nicht verloren. Hier lande ich immer wieder, besonders dann, wenn ich mich unwohl fühle und von der Mama Trost erwarte. Falls sich die Mutter in dieses Bedürfnis des Kindes hineinfühlt und dementsprechend handelt, beugt sie damit einer möglichen Geschwisterproblematik rechtzeitig vor. Nur die wenigsten Mütter trauen sich jedoch, das Kind in seinem Schmerz festzuhalten, weil es so verzweifelt ist und seinen Schmerz nicht anders ausdrücken kann, als sich aufzubäumen und sich abzuwenden, als möchte es dadurch sagen: »Du hast mich verraten, du bist mir untreu, also gehe ich auch, genauso wie du von mir weggegangen bist ...« Das Kind kann sich erst dann wieder ankuscheln, wenn es die Mutter auf ihre vorbehaltlose Liebe getestet hat. »Liebst du mich, wenn ich genauso wie das kleine Baby schreie? Liebst du mich auch, wenn ich nicht still bin?« Solche Konfrontationen können lange dauern. Und der abgründige Schmerz des Kindes zerrt an der eigenen Seele. Warum fällt es vielen Müttern so schwer, diese Konfrontation auszuhalten? Fehlt ihnen die Hoffnung, dass sich der Schmerz in Liebe verwandelt? Haben sie überhaupt selbst die Gelegenheit gehabt, eine solche emotionale Krise im Arme der eigenen Mutter durchzustehen? Vielleicht finden wir genau hier die Antwort auf die Frage, warum es bei den Naturvölkern weniger Eifersucht zwischen Geschwistern und weniger gestörte Mutter-Kind-Beziehungen als in unserer »zivilisierten« Welt gibt. In den ersten Lebensjahren werden die Kinder dort fast ununterbrochen am Körper der Mutter oder anderer Bezugspersonen getragen. Sie brauchen also nicht am Tragtuch zu zerren, denn sie stecken darin und dürfen hier alle Gefühle abladen. Weggestoßen werden sie nie. Anders als am Körper werden dort die Kinder nicht transportiert. In den Genuss dieser zuverlässigen Bindungen kommt nicht nur das jüngste Kind, sondern auch sein älteres Geschwister. Die ganze Großfamilie, Tanten, Opas, Kusinen nehmen Anteil an der Kinderpflege. Da das Kind die Verbundenheit zu mehreren vertrauten Bezugspersonen erfährt, entsteht eine starke Bindung an die ganze große Familie. Dagegen wird gleichzeitig eine zu nahe Bindung an die Mutter verhindert. Ist die Mutter, aus welchem Grund auch immer, nicht abkömmlich, wird sie nicht so bitter vermisst wie in unserer Kleinfamilie. Aufgrund der herkömmlichen und noch weit verbreiteten Rollenverteilung wird seit Generationen die Mutter in den meisten Familien zur wichtigsten, beinahe ausschließlichen Bezugsperson. Umso größer ist der Schmerz, wenn sie dem Kind fehlt.

Einige Fallbeispiele mögen dies illustrieren.

Max, der kleine Physiker mit autistischen Zügen

Max wurde mir wegen seiner autistischen Züge vorgestellt. Mit fünf Jahren erschien er im Kindergarten nicht integrierbar. Der Erzieherin vertraute er sich nicht an. Anstatt mit den anderen Kindern zu spielen oder sie mindestens zu beobachten, zog er sich am liebsten in eine bestimmte Ecke zurück und setzte jedes Mal das gleiche Puzzle, das ein Pferd darstellte, zusammen. Wenn er das Bild fertig hatte, holte er eine Erzieherin und sagte ihr immer wieder den gleichen Satz: »Schau mal, jetzt ist es fertig.« Dann drehte er das Puzzlebrett um, ließ die Teile möglichst weit auseinander fallen und warf sie mit beiden Händen einige Male in die Luft. Dann wühlte er sie mit der linken Hand dreimal um und fing von neuem an, das Puzzle zusammenzusetzen. Ein Ritual. Ähnlich machen es auch Schamanen, um die Kräfte zu beschwören. Manchmal war aber dieses Puzzle nicht vorhanden oder die Kinder versuchten, ihn an dem ritualisierten Intermezzo zu hindern. Da wurde Max unruhig, robbte auf Knien durch den Raum und wedelte gleichzeitig mit beiden Armen in Schulterhöhe, als wollte er davonfliegen. Dabei jammerte er in hohen Tönen. Nicht weniger merkwürdig waren seine Kommunikationsversuche. Antworten gab er kaum. Auch berichtete er nie über seine Erlebnisse. Sicherlich waren daran weder ein Sprachfehler noch mangelhafter Wortschatz schuld. Meist versuchte er ein Gespräch zu beginnen, indem er fragte, wie die Planeten unseres Sonnensystems heißen oder wie viele Lichtjahre von der Erde der Andromedanebel entfernt sei. Natürlich konnte ihm nicht so leicht jemand eine Antwort geben, am wenigsten die Kinder. Dann gab er sich die Antwort selber. Mit freundlichem, zufriedenem Lächeln. Und wenn jemand doch die Antwort wusste, war er noch zufriedener. Dann war er auch bereit, diesen Menschen an der Hand zu nehmen und ihm zu sagen: »Du bist mein Freund.« Wehe aber, jemand gab ihm eine falsche Antwort und bestand darauf, nur um ihn zu ärgern! Dann geriet Max in totale Verzweiflung, hüpfte hektisch auf der Stelle, schlug sich mit beiden Händen auf die Ohren und schrie: »Nein, nein«, um sich von der falschen Antwort abzuschirmen. Ein schwarzes Loch im All. Weil er oft wie ein kleiner Physiker wirkte, bekam er den Spitznamen Max Planck. »Planck hüpft schon wieder im schwarzen Loch«, pflegten die Erzieher zu sagen. Es war anzunehmen, dass das auffällige Verhalten von Max nicht aufgrund mangelnder Intelligenz entstand, möglicherweise sogar eine einseitige, dafür aber außerordentlich hohe Intelligenz vorhanden war. Zu Hause befasste er sich vorwiegend mit komplizierten Computerspielen.

Um den Ursachen des autistischen Verhaltens auf die Spur zu kommen, fragte man sich zunächst, ob Max vielleicht die Reinkarnation eines altägyptischen Astronomen sei oder gar die von Planck selber. Außer Frage stand auf alle Fälle, dass Max seine physikalischen Vorlieben sowie seine mathematische Begabung von seinem Papa hatte, der Physiker war. Unabhängig davon aber fiel auf, dass alle Handlungen von Max ein gemeinsames Ziel hatten: nämlich ein bestimmtes, voraussagbares Ziel zu erreichen und damit das Gefühl der Sicherheit zu bekommen. Deshalb bevorzugte er immer den gleichen Spielplatz, das gleiche Puzzle, das gleiche Ritual, den gleichen Rhythmus der Selbststimulation durch das Wedeln der Arme, die gleichen Fragen, auf die es nicht beliebige, sondern immer nur die gleiche Antwort gibt. Max schien von diesen selbst gemachten Sicherheitsprogrammen im wahrsten Sinne des Wortes abhängig zu sein, so wie jemand von Drogen abhängig ist. Sobald er seine »Droge« nicht bekam, reagierte er mit affektivem Chaos und Panik, ähnlich wie es beim Entzug von Drogen oder Alkohol geschieht. Bei der Untersuchung interessierten mich der Beginn und zugleich der Auslöser für seine Sicherheitsprogramme. Die Eltern berichteten, dass Max zunächst ein ganz normales Baby war. Damals hat er sich gerne angekuschelt und die verschiedenen Schmusespiele genossen. Heute ist er anders; angebotene Zärtlichkeiten verweigert er. Er mag nur solchen Körperkontakt, den er selbst bestimmt. Eine erste minimale Veränderung hat seine Mutter jedoch noch in der Entbindungsklinik gemerkt. Aufgrund von kleinen Komplikationen musste er die ersten zwei Tage in einem Wärmebettchen verbringen und es war dann nicht leicht, ihn für den Kontakt wiederzugewinnen. Er richtete seine Augen nach oben und schaute die Neonleuchte an; anstatt sich in embryonaler Lage an die Brust zu kuscheln, streckte er seinen Körper zur Brücke durch. Eine erfahrene Ärztin meinte, das Kind habe sich in der Zeit, in der ihm die Mutter fehlte, an stabile Objekte gewöhnt. Offensichtlich hatte die Neonleuchte die fehlende Bindung ersetzt. »Ein sehr sensibles Kind«, meinte die Ärztin. »Es hat sofort bemerkt, dass ihm etwas ganz Wichtiges fehlt, und für sein Überleben gesorgt.« Diese Deutung entsprach meiner Einstellung. Auch konnte ich die Empfehlung gutheißen, sich ja nicht abschrecken zu lassen, sondern das Kind bei ausgeschalteter Neonlampe so lange im Arme zu halten, bis es den Entzug seiner Ersatzsicherheit, sprich der Neonlampe, geschafft hatte und seine Mutter wieder als Quelle seiner Geborgenheit annehmen konnte. Danach entwickelte sich Max gut und hing sehr an seiner Mama. Zu sehr sogar. Dass es des Guten zu viel war, hatte seine Mutter nicht gemerkt, weil sie Max als ihr erstes Kind voll und ganz genossen hatte. Als Max mit acht Monaten in die Fremdelphase kam, klebte er so an seiner Mama, dass er sich nicht einmal von seinem Vater in den Arm nehmen ließ. Aber die Eltern duldeten dieses Verhalten. Die Mama freute sich darüber, von ihrem Kind so ausschließlich geliebt zu werden. Der Papa allerdings litt darunter. Immerhin gönnte er seinem Sohn seine Entscheidungsfreiheit, die er als Kind nicht genossen hatte. Allerdings hatte er wenig Ahnung von kindlichen Entwicklungsstufen und wusste nicht, dass sein Sohn in seiner Fremdelphase noch kein Bedürfnis nach freiem Willen hatte, sondern sich nach Bindungen zu seinen nahen Bezugspersonen sehnte. So wurde Max zugleich überfordert und unterfordert. Immerhin war er ein neugieriges Kind. Vom Schoß der Mutter aus traute er sich, die Welt zu erobern und vieles zu entdecken. Als er knapp ein Jahr alt war, passierte Gravierendes. Seine Mutter wurde zum zweiten Mal schwanger. Als ob er geahnt hätte, dass im Bauch seiner Mutter eine Katastrophe lauerte, besetzte er diesen Platz noch hartnäckiger als je zuvor. Doch o weh, die Mama wurde plötzlich anders. Tränenüberströmt verschwand sie. Da die Wehen vorzeitig einsetzten, musste sie ins Krankenhaus. Kein Mensch konnte sie Max ersetzen. Von der Oma ließ er sich nur füttern und mit dem Notwendigsten versorgen. Seinen Papa ließ er überhaupt nicht an sich heran. Zwar waren sich die beiden Erwachsenen der Pflicht bewusst, das Kind materiell zu versorgen, selbst dann, wenn es sich dagegen wehrte. Seine seelische Not erkannten sie jedoch nicht. Seelischer Schmerz bleibt den Augen meist verborgen. Er lässt sich nur mit dem Herzen erspüren. Aber auch das Herz lässt sich über den seelischen Kummer hinwegtäuschen, wenn es bereits durch einen intensiven Ersatztrost betäubt und für die Augen scheinbar alles in Ordnung ist. Die Oma erzählte, wie leicht sie es mit dem Maxilein hatte. Nicht einmal nach einem Schnuller habe er verlangt. Es habe ihm gereicht, seine rote Taschenlampe in die Hand zu bekommen, und schon lachte er zufrieden. Auch der Vater meinte, dass Max die Abwesenheit seiner Mutter erstaunlich problemlos verkraftet habe. Es sei sogar zum ersten Mal eine Art regelmäßige Kommunikation zwischen Max und ihm zustande gekommen. »Mit Hilfe eines Puzzles haben wir dies geschafft«, berichtete der Vater. »Der erste Teil des Dialogs: Max packt mich an der Hand und führt mich zum Schrank, damit ich ihn aufschließe, das Puzzlebrett heraushole und die Teile auf dem Boden verstreue. Der zweite Teil: Max setzt alle Teile hinein, fordert mich an sein Werk anzuschauen und erwartet, dass ich sage: ›Ganz richtig, toll, mach es noch mal‹. Der dritte Teil: Ich muss das Brett umkippen und die Puzzleteile wieder auf dem Boden verstreuen. Und dieses Spiel wiederholen wir endlos. Immer und immer wieder.« Niemand verstand, dass Max seinen übermäßigen Verlustschmerz immer wieder auf die gleiche Art und Weise zu betäuben versuchte, die sich auch gleich nach der Geburt bewährt hatte. Zu einer anderen Lösungsstrategie ist ein kleines Kind noch nicht in der Lage, da es noch nicht über zielstrebiges Denken verfügt. Es kann lediglich – unbewusst – von seiner Sinneswahrnehmung Gebrauch machen, die ihm das Voraussehbare, Voraushörbare und Vorausspürbare sichert. Als die Mutter mit dem kleinen Brüderchen wieder nach Hause kam, fiel ihr natürlich auf, dass Max verändert war. Ja klar, meinte sie, der Nachwuchs ist schuld, Max braucht Zeit. Nur Geduld! Auch sie freute sich, dass sich Max selbständig unterhalten konnte. Sie freute sich darüber umso mehr, weil sie Sorgen um ihren jüngeren Sohn hatte. Er litt unter Fieber und Krämpfen und zog die ganze Aufmerksamkeit der Mutter und ihre Kraft auf sich. Parallel dazu stieg das Niveau von Max' Sicherheitsstrategien immer höher. Die Puzzles wurden immer schwieriger, die Dialoge mit dem Vater immer anspruchsvoller und präziser, bis hin zu astrophysischen Angaben und mathematischen Operationen. Bei einem solchen Verhalten spricht man gerne von Marotten und im Fachjargon heißt die Diagnose: schwerwiegende autistische Symptome und Wahrnehmungsstörungen.

Glücklicherweise konnte Max auf die gleiche Art und Weise geholfen werden, wie es damals die Ärztin geraten hatte. Unter Anleitung eines Therapeuten hielt die Mutter Max in ihren Armen fest, um ihm seine Marotten zu entziehen und ihm die echte Bindung, nämlich die Bindung an die Mutter, wieder zu vermitteln. Dabei kam der ganze große Schmerz ans Licht. Zugleich aber auch die Liebe und das Vertrauen zur Mutter.

Caroline, Essprobleme (Bulimie) und eine problematische Beziehung zur Mutter

Caroline ist eine liebenswürdige Frau. Sie ist verheiratet, kinderlos und arbeitet als Stationsschwester in einer Kinderklinik. Caroline leidet unter Essstörungen. Besonders in Stresssituationen, wenn sie Probleme am Arbeitsplatz hat, vor allem mit ihren Vorgesetzten, fühlt sie sich gezwungen, kalorienreiche Speisen zu konsumieren. Eine Tüte Chips nach der anderen. Und anschließend Käseschnittchen und Pommes. Weil sie Angst davor hat zuzunehmen (denn wenn sie dick wäre, könnte sie sich nicht lieben), tut sie alles dafür, um den Inhalt ihres Magens schnell wieder loszuwerden. Sie rennt auf die Toilette, steckt ihre Finger in den Hals und würgt. Und dann greift sie wieder nach den Chips und nochmals nach Käseschnittchen oder was es sonst gerade gibt ... Als ihr Heißhunger sie so weit trieb, sogar die Reste von den Tellern der Patienten zu essen, war ihre Selbstachtung auf ein Minimum reduziert und sie begab sich in eine Psychotherapie. Die Diagnose lautete u.a.: zwangsneurotische Symptome.

Wir schauten uns zuerst ihre Kindheit an, um zu sehen, woher der ausgeprägte Wunsch kam, von ihren Vorgesetzten akzeptiert zu werden, und was das mit ihrem Essverhalten zu tun hatte. Ein großer Vorteil für uns war, dass der glückliche, auf seine gelungenen Kinder stolze Papa viele Filme gedreht hatte. Und siehe da! Welche Ereignisse hielt der Vater vor allem im Film fest? Lauter Leistungen. Allerdings verpackt in Geschenkpapier, denn er pflegte einen äußerst liebevollen Umgang mit den Kindern. Auch die Mutter wurde gefilmt. Das wenige Tage alte Brüderlein sucht mit den Lippen die Brustwarze, hält sie jedoch nicht fest und quengelt, aber die Mama versucht ihn mit ihrer Samtstimme zu beruhigen und führt geduldig die Brustwarze immer wieder zwischen die Lippen des Babys. Zwischenzeitlich bemüht sich die vierzehn Monate alte Caroline mit allen Mitteln, den Platz ihres Bruders zu ergattern. Vergebens versucht sie von allen Seiten, auf den besetzten Schoß der Mama hochzuklettern, sie ruft »Mama, Mama«, »Mama, guck« und zeigt irgendwohin, um Mamas Blick von den Lippen des Brüderleins abzuwenden. Aber jegliche Mühe ist umsonst. Da hat Mama die rettende Idee: Sie greift nach einer Teeflasche, berührt mit dem Schnuller die Lippen des Babys und sagt zu Caroline: »Schau, er kann noch nicht aus der Flasche trinken. Und du kannst es so toll! Zeig ihm doch, wie man es macht.« Caroline greift nach der Flasche und trinkt. Offensichtlich ist sie zufrieden. Sie fühlt sich bestätigt, angenommen. Und dann reicht ihr die Mama einen Keks nach dem anderen. »Zeig ihm, wie schön du alleine essen kannst, Caroline!« Und wenn sie alles, was auf dem Teller ist, aufgegessen hat, wird sie gelobt. Die durch den Mund aufgenommene Beruhigung kommt den Bedürfnissen der oralen Stufe voll entgegen. Aber sie beruhigt nicht wirklich. Da kommt der Papa mit anderen Angeboten. »Caroline, komm auf meine Schultern. Wir zeigen dem kleinen Konstantin, wie toll du einen Purzelbaum machen kannst. Er kann es noch gar nicht. Nur du. Du und ich, wir machen Zirkus!« Und die beiden turnen. Noch einen Purzelbaum und noch einen. Caroline hängt kopfüber an Papas Händen und er dreht sich mit ihr. Sagenhafte Kunststücke, staunen die zuschauenden Omas. Du bist wunderbar, Caroline! Eine weitere Filmsequenz: Caroline fährt Dreirad, vergebens versucht Konstantin, auf den Sattel zu kommen. Von wem hat Caroline nur das

Geschick geerbt? Bei der nächsten Filmsequenz das Gleiche am Roller und in der nachfolgenden führt Caroline vor, wie sie mit vier Jahren das Fahrrad ohne Stützräder fährt und wie der Kleine voll Bewunderung zu seiner großen Schwester rennt.

Fünfunddreißig Jahre später schaut sich Caroline die Filme mit anderen Augen an: »Für mich waren die Filme mein ganzer Stolz. Eine Dokumentation meiner Sportlichkeit. Eine gute Figur hatte ich. Da stimmte jedes Gramm. Aber heute sehe ich ein nervöses Kind, das sich hektisch bemüht, mit seinem Geschick den Erwachsenen einen Gefallen zu tun.«

»Ja, hier fing das Programm an. Nachdem die ursprüngliche Geborgenheit erschüttert war, versuchte das Kind seine Identität bestätigt zu bekommen, indem es sein Großsein bewies und dafür von den ›Vorgesetzten‹ für seine Leistungen gelobt wurde«, deute ich.

»Wenn ich mich in den Filmen sehe, würde ich mich mit meinen heutigen Kenntnissen von entwicklungsgestörten Kindern als ein hyperaktives Kind bezeichnen«, klagt sie. »Und was ist mit meiner sportlichen Begabung geschehen? Wegen meines Asthmas, das ich zur Zeit meiner Einschulung bekam, musste ich auf Turnen und Sport verzichten ...«

»Ich kann mir denken, dass Sie sich mit der Einschulung immer noch verpflichtet fühlten, die großen Leistungen zu bringen, die vielleicht nicht ganz machbar waren, und dass dann der Körper streikte und mit dem Asthma protestierte: So nicht! Lieber geht mir die Luft aus. Macht das Sinn?«

»Möglicherweise. Als Kranke war ich nämlich wieder im Mittelpunkt bei meiner Mama und auch bei meinem

Papa, ohne dass ich etwas leisten musste. Diese Schonzeit dauerte jedoch nicht lange. Jetzt wurden schulische Leistungen von mir erwartet. Sie waren meinen Eltern genauso wichtig wie die sportlichen. Jedenfalls war die Zeit, in der ich Asthma hatte, eine gewisse Erholungszeit für mich. Konstantin geriet damals ein bisschen auf das Nebengleis.«

»Mussten Sie nicht mehr eifersüchtig sein?«

»Stark eifersüchtig war ich eigentlich nie. Irgendwie wuchsen wir zusammen, ich als die Große und er als der Kleine. So ein unzertrennliches Band, fast eine Einheit.«

»Nun ja, mit dem Altersunterschied von vierzehn Monaten verhält es sich beinahe so wie bei Zwillingen, wo ein Zwilling stärker ist. In dem Kleinkindalter, in dem das Zusammentreffen der Geschwister geschieht, können sich die betroffenen Kinder noch keine großen Gedanken über die Zusammenhänge machen. Ob einer bevorzugt oder vernachlässigt wird und ob es dem Bruder genauso geht wie mir, darüber können die kleinen Geschwister noch nicht spekulieren.«

»Ja, da war nicht viel zum Überlegen. Ein festgelegter Zustand. Ich, die Größere, die dem kleinen Brüderlein mit allem hilft, ihm alles zeigt und vorlebt, die immer auch als Erste einen Klaps bekommt und die ihn beaufsichtigt. Eigentlich störte es mich lange nicht. Bis heute haben wir ein gutes Verhältnis.«

»Weil das gleiche Verhältnis ›große Schwester – kleiner Bruder‹ immer noch anhält?«

»Ja, immer noch. In der Schule war er immer etwas schwächer als ich. Wenn ich ihm nicht geholfen hätte! Ich lernte mit ihm, ich schrieb ihm Aufgaben und Spickzettel, fälschte die Unterschriften bei den Mitteilungen der Lehrer an unsere Eltern. Auch zu Hause habe ich ihm geholfen. Er war so linkisch! Bei allen Arbeiten im Haushalt half ich ihm. Und wenn die Mutti krank wurde, war ich es, die sie betreute, für sie kochte, den Vati versorgte.«

»Das hat sicherlich zu Ihrer Berufswahl beigetragen, Sie sind eine Helferin geworden. Eine geschätzte Krankenschwester. Sogar Stationsschwester. Also immer noch die Schwester, die Größere.«

»Manchmal meine ich, dass ich von der Helferrolle abhängiger bin als von der Anerkennung seitens meiner Vorgesetzten.«

»Sie täuschen sich. Zwischen den beiden Abhängigkeiten ist so gut wie kein Unterschied. Beides sind Einstellungen, die das kleine Mädchen unbewusst ausbildete, um sich angenommen zu fühlen. Auf eine vorbehaltlose Liebe konnte es sich ja nicht verlassen. Und das Kind lernte, auf Nummer sicher zu gehen. Es machte seinen Eltern Freude, indem es Leistungen demonstrierte und immer hilfsbereit war. Daraus wurde ein Lebensprogramm, in welches das Kleinkind ohne Kritik und Vorwurf hineinwuchs. Viel später, als dieses tüchtige Kleinkind zur Schwester Caroline wurde und ihren Vorgesetzten keine Freude mehr machte, sondern Ärger und die Vorgesetzten sogar Vorbehalte gegen ihre Leistungen geäußert und ihr Helfen missachtet haben, brach das Kind in ihr zusammen.«

»Jedes Mal ist es für mich der allerschlimmste Stress, wenn ich Krach mit unseren Ärzten oder der Verwaltung habe«, vertraut sich mir Caroline an. »Dagegen haben mich Konflikte mit Mitarbeitern, die ich leite, nie in große Not gebracht.«

»Bemerken Sie das Strickmuster Ihres Lebensprogramms? Auch die Auseinandersetzungen mit Ihrem kleinen Bruder fanden Sie harmlos. Nur wenn sich die Großen geärgert haben, war es schlimm. Wie hätten Sie aber reagiert, wenn Ihr Papa gesagt hätte ...«

»Du wirst die Physik nie begreifen, hat er mir einmal gesagt, du bist einfach zu doof ... Wie ich reagierte? Nie wieder Physik! Nie wieder diese Ablehnung! Sonst geht die Welt unter.«

»Der gleiche Schreck überkommt Sie auch heute, Caroline. Und was kann Sie trösten? Wo ist Ihr Bruder?«

»Er war lange Junggeselle. Er wohnte in meiner Nachbarschaft und ich versorgte ihn. Vor einigen Jahren hat er eine Frau aus Australien kennen gelernt, zog zu ihr und angeblich ist er mit ihr glücklich. Offensichtlich braucht er mich nicht mehr.« Carolines Stimme klingt wehmütig.

»Was tröstet also, wenn kein kleiner Bruder da ist? Was ist sofort da, wonach Sie greifen können?«

»Das Essen.«

»Genau. Wenn Sie aber zunehmen, Caroline, was dann? Wo ist dann Ihr sportliches Figürchen geblieben, das so elastisch Purzelbäume schlagen soll? Mit zwanzig Kilo übergewichtigem Kummerspeck kann man das nicht!«

»Ich spucke es doch sofort heraus, um nicht zuzunehmen!«

Das Rätsel der Bulimie lag offen auf dem Tisch. Wer hätte wohl den Schlüssel zur Lösung von Carolines Problematik? Zweifelsohne ihre Mutter, aber auch der Vater, sofern die beiden ihr das Gleiche schenken könnten, was ihr damals, als der Bruder auf die Welt kam, verloren ging: das Bewusstsein, geliebt zu werden, auch wenn sie nichts leistet und wenn sie nicht hilft.

Im Zusammenhang mit meinem Thema finde ich das Buch *Große, kleine Schwester* von Peter Härtling faszinierend und zitiere gerne daraus. Erstgeboren ist hier zwar nicht Lea, sondern ihr wesentlich älterer Bruder, dies spielt aber für die Entstehung der Geschwisterproblematik zwischen den beiden Schwestern keine Rolle. Entscheidend sind der minimale Altersunterschied und das gleiche Geschlecht, diese beiden Faktoren sind ausschlaggebend für die Rivalität. Wie sich die beiden Schwestern im Kleinkindalter gefühlt haben, erfahren wir in diesem Buch nicht. Die Erinnerungen stammen aus der Zeit, wo Ruth sieben und Lea »schon zwei Monate lang sechs ist« und bald mit ihr zur Schule kann. So hat es der Vater beschlossen, dass die Schwestern gemeinsam eingeschult werden. Ruth ist verärgert, dass sie ungerechterweise ein Jahr warten muss. Sie genießt aber den Trost, den ihr ein Freund der Familie zuflüstert: »Gräm dich nicht. Die Lea ist um ein Jahr blöder als du, und deswegen kannst du noch ein Jahr faulenzen.«

Ruths Lage ist für die der Erstgeborenen typisch, so wie auch die von Lea typisch für die Spätgeborenen ist. Obwohl die beiden Schwestern fast wie Zwillinge nebeneinander und miteinander aufwachsen und von Bekannten als mehr oder weniger unzertrennlich angesehen werden, wissen sie doch genau, »dass Ruth für die ernsten Angelegenheiten und Lea fürs Vergnügen zuständig« war. Die Zitate entnehme ich ausschließlich dem ersten Kapitel, das die Kindheit der beiden Schwestern beschreibt:

»Lea trödelt morgens ... So kommt Ruth stets vor ihr zum Frühstück, hat längst ihren Platz am runden Tisch eingenommen, ehe Mutter und Lea erscheinen ... Ruth zieht sich auf dem Stuhl hoch, läßt die Beine baumeln, holt tief Atem und genießt den Vorzug, mit Vater allein zu sein.

Auch wenn die Zeitung ihn verbirgt ... Sie mustert die mit Marmelade bestrichenen Semmelhälften auf ihrem und auf Leas Teller. Falls Leas Portion üppiger ausgefallen ist, kann sie jetzt noch tauschen.

Ein paar Mal hat Vater sie deswegen gerügt. Sie sei futterneidisch, ob sie sich nicht schäme? ...

Lea läuft Mutter voraus, hüpft, die Hände in den Hüften abgestützt.

Ruth schaut nicht ihnen entgegen, sondern auf den Vater, und weiß im voraus, was geschieht: Vater senkt die Zeitung, wirft einen Blick über den Rand, nickt, als wolle er Lea ermuntern, noch alberner zu hüpfen, legt die Zeitung über Teller, Tassen und Kanne, öffnet die Arme, und Lea springt ihm auf den Schoß. Jeden Morgen, wenn sie das tut, zieht Ruth sich zusammen und kneift die Augen zu.

Ja, Mädelchen, guten Morgen! Vater drückt Lea kurz an sich und hebt sie dann auf ihren Stuhl.

Mädelchen zu sein ist das unerklärte Vorrecht Leas. Ruth bleibt immer Ruth, obwohl sie, denkt sie, mehr ein Mädelchen ist als die jüngere Schwester, viel feiner und zarter.

Vater faltet die Zeitung, legt sie zur Seite, zieht die Uhr aus der Tasche, läßt den Deckel springen, schaut in die Runde, klappt den Deckel wieder zu, schiebt die Uhr in die Tasche, erhebt sich, beugt sich aber sogleich wieder, um Mutter auf die Stirn zu küssen, Ruth mit dem Zeigefinger über die Backe zu fahren und Lea mit der ganzen Hand über das Haar zu streichen.«

Es wird Ruths siebenter Geburtstag gefeiert. Der Vater klopft gegen das Glas: »Ruth ist viel zu aufgeregt, um richtig zuhören zu können. Er spricht von der Schule, aber auch von der Schwester. Zum Schluß ruft er: Pan Lersch, Ihr Auftritt.

Pan Lersch trägt ein großes, bunt eingepacktes Paket vor sich her und setzt es vor Ruth auf dem Boden ab. Glückwunsch, Ruth. Er macht eine Verneigung, als wäre sie erwachsen.

Das Geschenk muß Vater sehr wichtig sein. Er fordert sie ungeduldig auf, es auszupacken. Aus dem Papier schält sie unter den anfeuernden Rufen der Festgesellschaft zwei Ranzen. Zwei rote Ranzen.

Zwei? fragt sie.

Ja, zwei. Vater lacht. Lea braucht doch auch einen.

Aber sie hat doch nicht Geburtstag.

Vater seufzt, nimmt sie in den Arm und versucht, die Verdoppelung des Geburtstagsgeschenks zu erklären: Du wirst es nicht glauben, du mußt es mir glauben –

Mutter unterbricht ihn: Bei Leas Geburtstag im April ist uns der Ranzen noch nicht eingefallen. Obwohl er doch so wichtig für euch ist.

Und Vater setzt hinzu: Wichtig, Hella, wichtig für beide, möchte ich schon sagen, gleich wichtig.

Mizzi Rabasch findet die Ranzen entsetzlich elegant, und Carlo packt Ruth den ihren auf den Rücken.

Ein richtiges Schulmädel!

Fabelhaft.

Mutter dreht und wendet sie, damit jeder sie rundherum betrachten kann.

Womit für euch ein neuer Lebensabschnitt beginnt, sagt Vater. Er sagt nicht: für dich.

Lea zieht sich nun auch den Ranzen auf den Rücken, beginnt stolz und selbstvergessen im Zimmer zu kreisen, zu tanzen. Nach und nach werden alle auf sie aufmerksam.

Carlo setzt sich ans Klavier und deutet einen Walzer an.

Auf einmal steht die Schwester im Mittelpunkt und wird gefeiert, als habe sie Geburtstag. Ruth beobachtet Lea, wie sie sich vorführt. Allmählich steigt ihr die Wut in den Hals oder das, was sie für Wut hält, was aber ein Knäuel von Verzweiflung ist, an dem sie beinahe zu ersticken droht. Sie keucht, reißt sich den Ranzen vom Rücken, wirft ihn in weitem Bogen ins Zimmer, will hinaus und rennt Pan Lersch in die Arme.

Aber Fräulein Ruth, wer möcht sich so gehen lassen?

Sie weint.

Sie hat geweint.

Sie schlägt um sich.

Sie hat um sich geschlagen.

Bis sie wieder am Tisch sitzt, vor der zerstörten Torte, erschöpft, alle andern stumm um sie herum. Vielleicht feiert sie gar keinen Geburtstag mehr, muß nur aus irgendeinem Grund zwischen Vater und Mutter sitzen, Torte essen und Schokolade trinken.

Lea sitzt ihr gegenüber, den Ranzen auf dem Schoß.

Ruth fragt sich, wo der ihre geblieben ist. Sie wagt es nicht, sich umzusehen.

Später, als Vater die Tafel aufhebt und Zdenka abzuräumen beginnt, hört sie Mutter sagen: Schade, daß Ruth so ungezogen ist und das Fest verdorben hat. Als ob es nicht ihr Geburtstag gewesen sei.«

Danach bekommt Ruth die Idee, auf Leas Kopfkissen eine tote Maus zu betten: »Wahrscheinlich würde Lea, wenn sie den Kadaver entdeckte, in Ohnmacht fallen. Vielleicht sogar verrückt werden.

Ruth schafft es, wie ausgedacht. Keiner läuft ihr über den Weg. Den Schwanz hält sie zwischen zwei Finger geklemmt. Es wird ihr etwas übel, als sie den Kadaver baumeln sieht. Als sie ihn langsam auf Leas Kissen sinken läßt, ist ihr dafür um so wohler. Sie läuft aus dem Kinderzimmer, zu Zdenka in die Küche. Danach in den dunklen Vorsaal und wartet auf Leas Gekreisch, auf den großen Aufruhr.

Sie lassen sich Zeit, spannen sie auf die Folter.

Das Abendessen geht vorüber.

Sie geht ins Bad, steht regungslos vorm Spiegel und hat den Eindruck, in ihm zu versinken.

Leas Schrei bleibt aus.

Die Tür wird mit Wucht aufgerissen. In den Spiegel wächst Mutter hinein, packt Ruth, hebt sie hoch, rüttelt sie, schimpft sie ein blödes Geschöpf, ein mißratenes Kind, schwingt sie auf und ab, rammt sie gegen den Boden und möchte wissen, ob sie diese Gemeinheit erklären könne. Sag ein Wort, Kind, wenigstens ein Wort!

Doch Ruth preßt die Lippen zusammen, schweigt, wird auf alle ratlosen Fragen, die ihr gestellt werden, von Zdenka und Vater und Pan Lersch, keine Antwort geben, auch später nicht, als fast alles wieder wie sonst ist, sie mit Lea spielt, Lea ins Ballett gebracht wird und sie in die Klavierstunde, und Vater davon anfängt zu schwärmen, wie süß sie in ihren Schulkleidern aussehen werden. Bald, verspricht er, und er sagt dieses Wort so verheißungsvoll, als wolle er es wie ein festliches Band um die Schwestern schlingen.«

Fassen wir kurz zusammen, welche Möglichkeiten im Kleinkindalter gegeben sind, innere Erschütterungen zu bewältigen. Um die Ängste vor unbegreiflichen Veränderungen, hauptsächlich vor dem Verlust des geborgenen

Nestes bei der Mutter, zu beschwichtigen, bedient sich das kleine Kind der nächstverfügbaren Person oder eines Gegenstands. Je nachdem, welche Erfahrung ihm seine Sinne, seine Bewegungen und die Reaktionen des nächsten Umfeldes am zuverlässigsten vermitteln, werden diese zum Ersatz für den Verlust der wahren Geborgenheit. Dies geschieht noch ohne Wertung und ohne dass das Kind absichtlich seine Lösungsstrategien planen kann (»Wenn ich dies für dich oder gegen dich tue, dann wirst du ...«). Dazu fehlt ihm noch die Fähigkeit, geistig zu kombinieren. Seine nicht geplanten, impulsiven Handlungen im Hier und Jetzt sind auch an den Gefühlsausbrüchen erkennbar, die oft wie ein Vulkan aus dem kindlichen Schmerz heraus entstehen. Ruths verzweifelter Zusammenbruch demonstriert das sehr gut. Dabei treten die Ersatzsicherheiten in vielfältigen Formen auf, je nachdem, ob das Kind eher introvertiert ist oder extrovertiert, was es mit seinen Sinnen wahrnimmt und wovon es sich besonders angesprochen fühlt (bei dem introvertierten Max waren es die »männlichen«, technischen Vorlieben; bei der extrovertierten Caroline eher die Bestätigung, die sie für ihre körperliche Geschicklichkeit und tüchtiges Essen fand), und je nachdem, welches Angebot von den Eltern kommt. Und obwohl dies bei jedem Kind anders ist, so sind doch bestimmte Tendenzen erkennbar, die von der Verarbeitungsmöglichkeit auf der jeweiligen Entwicklungsstufe abhängen.

Zunächst erlebt die Seele des Kleinkindes ihre »Einverleibung«. Die Betonung des Oralen drückt aus, wie wichtig es dem Mund ist, an der Brustwarze fest angesaugt zu sein. Leib an Leib. Im wahren Sinne des Wortes werden die Erfahrungen des Kindes einverleibt, sie werden zum symbiotischen Erleben. Wie wir am Beispiel der beiden Schwestern in Peter Härtlings Roman sehen können, kann das symbiotische Zusammenwachsen der Geschwister in Hass und Liebe so tief sein, dass die Versuche sich loszulösen oftmals blockiert werden und möglicherweise erst mit dem Tod enden. Nach dem Tod von Ruth wird Lea in einem Pflegeheim untergebracht und dort stirbt sie auch. Bevor sie aufhört zu sprechen, sagt sie einer Krankenschwester: »Sie können Ruth ausrichten, dass sie sich nicht mehr vor mir zu fürchten braucht. Sie kann kommen.« In diesem Fall endet die Bindung nicht einmal mit dem Tode. Nur das Buch ist mit diesem Satz zu Ende.

Verarbeitungsmöglichkeiten bei größerem Altersunterschied

Der häufigste zeitliche Abstand zwischen Erst- und Zweitgeborenem beträgt zwölf bis achtzehn Monate. Im Unterschied zu den bereits geschilderten Fällen denkt ein Kind mit zwei bis drei Jahren bereits wesentlich bewusster. Es fängt an, über sprachliche Identität zu verfügen, indem es von sich als »Ich« redet. Deutlich unterscheidet es auch zwischen »mein« und »dein« und fängt an, Wert auf Besitz zu legen. Es möchte so wie die Großen sein und so gerne alles »allein!« tun. Aber es hat noch kein Maß dafür entwickelt, wie gut es das kann, und kennt auch die Schmerzgrenze seines Gegenübers noch nicht. Es verspürt nur einen enormen Druck nach Selbstbehauptung, Widerstand, Durchsetzung und dem eigenen Willen. Dazu kommt sein wachsendes Verständnis für die Zusammenhänge in seiner

Umwelt. Das Kind entwickelt mit der Zeit einen Überblick über bestimmte Ordnungsstrukturen: Es kennt mittlerweile Mengen, weiß, dass zwei nicht drei ist, und kann Dinge nach Farben, Größen und Formen sortieren. Bewusst benutzt es Werkzeuge wie beispielsweise einen Roller, Legosteine und Stifte zum Kritzeln und Zeichnen. Auch sein Töpfchen und der Stuhlgang werden ihm zum Werkzeug, um sich selbst zu behaupten. (Näheres darüber haben wir schon unter dem Thema der »analen Phase« erläutert.) Hat sich das Kleinkind in seiner Ichbezogenheit oftmals allmächtig oder auch ohnmächtig fühlen können, je nachdem, wie die Erwartungen seiner Wahrnehmungen in Erfüllung gingen oder nicht, so ist das größere Kind in Bezug auf sein Leistungsvermögen um einiges differenzierter. Es beginnt zu vergleichen, bewussten Nutzen aus seinem Können zu ziehen und ein erhöhtes Selbstwertgefühl oder auch Ansätze zu Minderwertigkeitsgefühlen zu entwickeln.

Ob und wie sich das Selbstwertgefühl ausbildet, dafür werden in der sensiblen Zeit der Trotzphase die Weichen gestellt. Schauen wir uns zwei »Fälle« an, die eigentlich nie pathologisch erschienen sind. Sie selbst halten sich für »völlig normal«. Wären sie nicht wegen verschiedener Schwierigkeiten, die sie jeweils mit ihren Kindern hatten, einem Psychologen anvertraut worden, wäre keinem Fachmann eingefallen, in der Vorgeschichte zu suchen.

Wieder ein paar Fallbeispiele, die das Gesagte illustrieren mögen.

Herr Konrad, der angepasste Vater eines kleinen Tyrannen

Herr Konrad ist fünfundvierzig Jahre alt, Bankangestellter, seit einundzwanzig Jahren verheiratet. Er hat zwei Kinder, wovon der fünfzehn Jahre alte Sohn Hajo große Probleme macht. Die siebzehnjährige Tochter Wiebke ist ganz unauffällig.

Zum Beratungsgespräch kommt er mit seiner Frau. Beide machen sich große Sorgen um Hajo, denn er verweigere den Schulbesuch und hocke nur vor der Glotze. Bei seiner Mutter besteht er darauf, dass sie ihm seine Lieblingsspeisen zubereitet. Es müsse jedes Mal Lasagne sein, aber nicht aus dem Supermarkt, sondern selbst zubereitet. Es sei schon vorgekommen, dass Hajo ihr mit geballter Faust gedroht habe, wenn sie ihm etwas anderes zum Essen zumuten wollte. Die Litanei der Klagen nahm kein Ende.

»Wer setzt ihm die Grenzen?«, frage ich und höre, dass sich die beiden darum schon immer bemüht hätten, allerdings vergebens.

»Wie reagieren Sie, wenn er Sie auf seine freche Weise ausschimpft?« Die Frau wird rot und schluckt die Tränen hinunter. Sie fühle sich hilflos.

Ich wende mich dem Vater zu: »In diesem Fall obliegt die Steuerung der knabenhaften Aggressivität dem Vater. Ihr Sohn müsste von Ihnen, Herr Konrad, hören: So gehst du mit deiner Mutter und mit meiner Frau nicht um, Junge! Hast du je gesehen, dass ich sie anschreie? Dass ich ihr meine Faust zeige? Also, was sagen Sie Ihrem Sohn?«

Verlegenes Schweigen. Herr Konrad wird nicht weniger rot als seine Frau. »Er hat das Kind schon immer machen lassen, was es wollte«, klagt sie. »Unsere Tochter ist vielleicht nur deshalb so anpassungsfähig geworden, weil sie von klein auf den Boss spürte. Das war unser Hajo. Sie folgte ihm. Aber unserem Hajo selbst fehlt der Boss, der ihm zeigt, wo es langgeht. Tausend Mal habe ich meinen Mann darum gebeten, weil ich selber butterweich bin und es nicht kann. Aber nichts zu wollen.«

»Woher kommt die Angst vor dem Widerstand, Herr Konrad?«, frage ich ihn und er zuckt zurück. »Haben Sie lernen können, Widerstand zu leisten? Wie war es in Ihrer Kindheit? Durften Sie Ihre Trotzphase und die Pubertät ausleben?«

»Tja, in meinem Elternhaus war alles doch sehr normal, sehr anständig«, fängt Herr Konrad an zu erzählen. »Nun ja, bis auf meinen jüngeren Bruder. Er war ein Rabauke. Ein richtiger Rebell.«

»So ähnlich wie Ihr Hajo?«

»Da haben Sie Recht. So sehen es auch unsere Verwandten. Bloß hätte sich mein Bruder nie erlaubt, unserer Mutter die Faust zu zeigen. Letztendlich ist mein Bruder ein sehr erfolgreicher Unternehmer geworden. Merkwürdigerweise haben auch die beiden, mein Bruder und mein Sohn, großen Gefallen aneinander.«

Allmählich löst sich das Rätsel auf. Verhält sich Herr Konrad seinem Sohn gegenüber genauso, wie er sich seinem jüngeren Bruder gegenüber verhielt?

Herr Konrad war das erstgeborene Kind. Durchaus erwünscht und geliebt. Bis heute würde Herr Konrad keinen Schatten des Verdachts gelten lassen, dass vielleicht sein jüngerer Bruder bevorzugt wurde. »Nein, nein«, wehrt er sich vehement. »Unsere Eltern haben uns gleich geliebt. Sie waren immer gerecht.« Nicht einmal im Traum hätte er den Verdacht aufkommen lassen, dass er benachteiligt gewesen wäre und keinen Widerstandes hätte leisten dürfen. Seine Eltern erzählen, dass auch er ein jähzorniger Rebell war, aber nur bis zu seinem dritten Lebensjahr. Als sein Brüderchen auf die Welt kam, wurde er plötzlich ein ganz vernünftiger Bub. Die Eltern meinten, dieser plötzliche Umschwung sei eine sehr positive Wende für das Einzelkind gewesen. Da habe er die klare Rolle des Älteren übernommen. Von außen her erschien es sicherlich so, wie es die Eltern gesehen haben. Im Inneren des Kindes spielte sich aber etwas anderes ab. Solange der Bub nämlich noch Einzelkind war, musste er um die Liebe der Eltern nicht fürchten. Wenn er wegen seiner Trotzausbrüche bestraft wurde, indem er ins Nebenzimmer verbannt wurde, konnte er sich hier noch austoben und sich darauf verlassen, dass ihn seine Mami trotzdem lieb hatte. Mit der Ankunft des Brüderleins wurde es völlig anders. Als er wegen eines gewöhnlichen Wutausbruchs in das andere Zimmer eingeschlossen wurde, wusste er, dass die Mami nicht auf ihn wartete, sondern ein anderes Kind zum Liebkosen hatte. Logischerweise beruhigte er sich also alsbald, um so schnell wie möglich die Mutter wieder in Besitz zu nehmen. Auf seinen Widerstand verzichtete er lieber, aus Angst, die Liebe wieder zu verlieren. Dafür machte er die Erfahrung, dass er geliebt, bewundert und bestätigt wurde, wenn er sich als der brave, vernünftige, große Bub gab. Also passte er sich an. Vor lauter Anstrengung, lieber mit der Sprache zu imponieren, als sich mit den Fäusten durchzusetzen, wollte er sehr viel sagen. Aber seine Sprachmotorik war noch nicht so weit. Und so vergaloppierte er sich im Sprechen und begann zu stottern. Nur zeitweise, doch diese Zeiten seien für ihn ganz schlimm gewesen, erzählte Herr Konrad. Er erinnere sich noch genau, dass das Wort oft in seiner Kehle brodelte und nicht herauskam. »Nur ruhig, ruhig, mein Schatz, das kommt noch«, tröstete ihn seine Mami. Ähnlich habe sie ihn ruhig gestellt, wenn der kleine Bruder in seine Spielecke eingedrungen war: »Ach, lass ihn! Sei doch vernünftig! Er ist noch so klein. Zeig ihm doch, wie du mit deinen Legosteinen schön bauen kannst ...« Aber der kleine Bruder lässt es sich nicht zeigen. Im Gegenteil, er stößt das mühsam gebaute Werk um, schmeißt die Legosteine auseinander und freut sich am entstandenen Krach. So wie dem Kleinen seine Kräfte wachsen, traut er sich, auf den Großen einzuschlagen. Nur einmal hatte der Große zurückgeschlagen und dann nie wieder. »Dass du dich nicht schämst! Den Kleinen schlägt man doch nicht.« Und dann wurde er zur Strafe in die Besenkammer gesperrt. Total ausgeschlossen aus der Familie. Durch zwei Wände hindurch hörte er, wie seine Mutter zärtlich mit dem Kleinen plauderte, wie der Vater von der Arbeit kam, sich anhörte, was geschehen war, und sagte: »Lass ihn ja nicht zu früh frei. Er muss sich besinnen, dass er die Schwächeren nie schlagen darf.« Wie lange er diese Besinnung üben musste, weiß Herr Konrad bis heute nicht. Die Uhrzeit verstand das damals viereinhalbjährige Kind noch nicht. Eine Stunde wurde ihm in diesem schwarzen Loch zur Ewigkeit. Zur Hölle. Er wurde erst dann entlassen, als er auf Knien versprochen hat, die Schwächeren nie wieder zu schlagen. Nie wieder.

Die Schlussfolgerungen für den kleinen Jungen? Durch die totale Blockierung seiner Trotzphase geriet die gesamte weitere Persönlichkeitsentwicklung aus den Fugen. Sein beginnender Wille wurde gebrochen. Und so nahm er sich jedes Mal vor, auf die Selbstverteidigung zu verzichten. Denn wie kann man sich sicher sein, dass das Gegenüber nicht schwächer ist? In welchem Sinne schwächer? Es ist sicherer, die Vernunft walten zu lassen und sich lieber rechtzeitig zurückzuziehen, um ja nicht anzuecken, und bei Angriffen lieber nachzugeben. Anpassung ist vorteilhafter als Durchsetzung. Und weil ich gelobt werde, wenn ich meine Stimme nicht erhöhe und mich nicht für meine Rechte einsetze, bleibe ich lieber ein Duckmäuser. Wenn ich meine Sachen in Ordnung halte, fühle ich mich anerkannt und werde sogar bewundert. Nachdem ich meinem kleinen Bruder so viel geben und mit ihm teilen muss, sogar die Eltern, bleibt mein eigener Spielplatz nicht groß. Umso mehr muss ich ihn pflegen. Meine Schätze verstecke ich geheim, damit mein Bruder sie bei seinen Eroberungsreisen nicht findet. Sie gehören nur mir. Ich habe sie für mich gehortet. Auch mein Geld gehört nur mir. Und davon gebe ich nichts her. Alles, was nur mir gehört, ist mir wichtig. Alles, was ich hergeben muss, schaue ich aufmerksam an. Ich untersuche meinen Rotz im Taschentuch und schaue auch meinen Stuhl an, den ich nach langem, genussreichem Sitzen in der Kloschüssel hinterlasse habe, noch bevor ich die Wasserspülung ziehe. Sammeln, Horten, Sortieren und Aufbewahren von Dingen, unabhängig von realem Zweck und Wert, nur des Besitzes wegen, können zur Zwanghaftigkeit werden und sich zu krankhaftem Geiz steigern. Als könnte sich das »Ich« nur im »Mein« realisieren. Auch die Liebesfähigkeit kann unter der gesteigerten Ichbezogenheit in Mitleidenschaft gezogen werden. Unter einer besitzergreifenden, egoistischen Lebenshaltung kann die Liebe zwischen Ich und Du nicht gedeihen.

Im Hinblick auf die Liebe war es bei Herrn Konrad nicht so. Eher neigte er aufgrund seiner Überanpassung dazu, alles zu opfern und sich selbst lieber aufzugeben, damit in der Familie Frieden war. Letztlich ging aber genau deswegen die Liebe in der Familie zugrunde. Seine Frau glaubte nicht an seine Liebe. »Wenn er mich lieben würde, müsste er mir doch bei der Erziehung helfen und mich schützen«, weinte sie. Sie selbst sah in ihm immer deutlicher einen Schwächling, den sie nicht achten konnte. Und Hajo? Ein typischer kleiner Tyrann, der die anderen nur dann liebt, wenn sie ihm dienen.

Hildegard, die liebe alte Dame voller Schuldgefühle

Diese achtzigjährige Dame lernte ich nach einem Vortrag kennen, den ich über erstgeborene Kinder hielt. Sie kam auf mich zu und erzählte mir ihre Lebensgeschichte. Sie genoss diese einmalige Gelegenheit, denn in ihrem Seniorenheim wollte ihr niemand mehr zuhören. Den Grund dafür begriff ich während ihres langen Erzählens. Im Prinzip suchte sie nicht einen Gesprächspartner, sondern einen Beichtvater, der bereit war, ihr zu bestätigen, dass nicht sie an dem Misslingen ihres Lebens schuld sei, sondern die anderen. Sie suchte Entlastung.

»Wechselnde Pfade, Schatten und Licht, alles ist Gnade, fürchte dich nicht«, so fing sie an. »Ja, so heißt ein Lied. Mein Lieblingslied. Ich möchte so gerne wissen, dass die Plagen in meinem Leben wirklich Gnade sind und dass ich mich vor dem Gericht im Himmel nicht fürchten muss.«

In der Bereitschaft, ihre Beichte anzuhören, erwartete ich eine Aufzählung von schweren Sünden. Allmählich begriff ich, dass die größte Angst die Angst vor Fehlern war. Ob sie am Ende unserer Begegnung wirklich erleichtert war, weil sie begriff, dass sie sich mit der typischen Angst der Erstgeborenen plagte, darüber bin ich mir nicht sicher, denn in diesem Alter ein eingefleischtes Muster zu verändern ist nicht leicht. Umso schwerer gelingt dies, wenn sich aus der Fehlerlosigkeit, sprich dem Perfektionismus, eine Abhängigkeit ableitet, die entscheidend für die eigene Identität ist. Sie bedankte sich höflich, aber überaus herzlich, als habe sie meine Beratung mit Freude angenommen. Doch wenn sie sich anders, also »undankbar«, verabschiedet hätte, wäre es in ihren Augen ein Fehler gewesen und den hätte sie bei ihrem Perfektionismus nie begangen.

Eigentlich hatten sich ihre Eltern einen Sohn gewünscht. Dieser Stammhalter hätte nicht nur den Namen Lauff tragen, sondern auch die Familienfirma übernehmen sollen. Eine geschätzte Klempnerfirma bis heute. Um den männlichen Nachkommen hatten sich die Eltern insgesamt sechsmal bemüht. Dennoch war alle Mühe umsonst. Sie bekamen sechs Töchter. Je tiefer der Stern der Hoffnung auf einen Sohn sank, umso mehr fühlte sich Hildegard zur Nachfolgerin ihres Vaters berufen. Die enge Bindung an ihn entstand jedoch schon viel früher. Als sie mit zwei Jahren das erste Schwesterchen bekam, war sie entsetzt und darüber erschüttert, welche Vorteile ihrer Schwester eingeräumt wurden. Von ihr selbst wurde erwartet, dass sie keine Windeln mehr trug und artig das Töpfchen benutzte, das Baby dagegen wurde liebevoll gewickelt. Wenn ihr das Geschäft versehentlich in die Hose ging, wurde Hildegard von der Mama heftig geschimpft, nicht aber das Baby. Über seine vollen Windeln freute sich die Mama, ja sie küsste sogar Babys Popo. Von ihr verlangte die Mama, dass sie ihre Wünsche in Worten ausdrückte, während sie schon beim ersten Schreien zu dem Baby rannte und es zärtlich beschwichtigte. Von dem Trost, den Hildegard von allen Seiten bekam, wollte sie nichts wissen. Alle hätten ihr einreden wollen, dass sie jetzt groß geworden wäre und alles alleine könne. Nein! Hildegard fühlte die mächtige Sehnsucht, genauso klein zu sein wie ihre Schwester. Deshalb verzichtete sie auf Sauberkeit, ließ ihr Geschäft häufig in die Hose gehen; anstatt sauber zu sprechen, schrie sie und wenn sie sprach, dann wie ein Baby, das das Sprechen erst lernt. Eine typische Regression der Kinder, die unter der Traumatisierung lieber klein als groß sein möchten. Der Mutter gefiel es überhaupt nicht, plötzlich zwei kleine Kinder versorgen zu müssen. Dafür begriff der Vater Hildegards Schmerz mit seiner großen Einfühlungsgabe, da er, selbst ein Erstgeborener, diesen Schmerz kannte und sich einfühlen konnte. Hinzu kam, dass er genau in dieser Zeit einer Kinderpsychologin ihr Bad renovierte und sich von ihr beraten ließ. Sie bestätigte ihm, dass es gut wäre, auf Hildegards SOS-Signale einzugehen und ihr zu gestatten, nochmals Baby zu sein. Die Mutter war jedoch dagegen. Sie fürchtete, dass diese Regression Hildegard schaden könne. Außerdem war sie so froh darüber und auch so stolz, dass sie Hildegard sauber bekommen hatte, bevor das zweite Kind kam! Aber der Vater war sich seiner Sache sicher, zumal ihm die Psychologin vergewisserte, dass das Kind umso eher selbständig würde, je besser das Bedürfnis nach bedingungsloser Liebe gesättigt sei. Für die kritische Zeit nahm sich der Vater frei und wickelte die kleine Hildegard, trug sie auf seinem

Arm, fütterte sie mit der Flasche und hielt sie fest, wenn sie schrie, bis sie wieder zufrieden war. Lange dauerte diese Phase nicht, aber sie hat Hildegard sehr wohl getan. Die Folge war eine starke Bindung zwischen ihr und dem Vater. Er galt als ihr Retter, als ihr Freund in Not. Seinen nachfolgenden Wunschvorstellungen, dass sie, die Älteste der Geschwistergruppe, sein Vertreter, sein Nachfolger, der Träger seines Namens, seiner Firma und seiner Traditionen sein sollte, ging Hildegard gerne nach. So verschrieb sie sich auch dem eigenen Leistungsdruck. Nicht der Vater musste dies fordern, sie wollte es selbst, um sich als die Älteste behaupten zu können. So gefiel sie ja auch ihrer Mutter und auch der ganzen Verwandtschaft. Sogar die Handwerker aus Papas Firma lobten sie in den Himmel, wie toll sie sei, wie gut sie sich sprachlich und zeichnerisch ausdrücken könne und wie prima sie auf ihre Schwestern aufpasse. Erwähnt sei an dieser Stelle noch einmal, dass sich eine Abhängigkeit von der eigenen Leistungsbereitschaft dadurch auszeichnet, dass die Leistung tadellos, ohne Fehler, also perfekt getan werden muss. Leistung ohne Perfektion ist wie Schnaps ohne Alkohol. Für den Abhängigen entsteht ein qualvoller Entzug.

Eine neue Not trat auf, als die zweite Schwester auf die Welt kam. Die Mama war sehr enttäuscht. Nur der Papa nahm das Schicksal gelassen an. »Jeder gute König hat drei Töchter«, erklärte er schmunzelnd. Und zum Entsetzen von Hildegard erkor er seine dritte Tochter zum von ihm geschützten Liebling. Hildegard machte eine Hölle durch. Sie konnte sich nicht anders helfen, als sich mit ihren Leistungen noch mehr in den Vordergrund der Aufmerksamkeit zu rücken. »Unsere Hildegard ist im Kindergarten die Beste. Auf sie können sich die Erzieherinnen verlassen. Sie kann sie sogar schon vertreten. Und wie ihr die Kleinen dann folgen ...«, erzählten die stolzen Eltern. In der Familie gab Hildegard ein ähnliches Bild ab. Bei ihren jüngeren Schwestern vertrat sie die Mama und den Papa, kümmerte sich um sie, beaufsichtigte sie, machte ihnen das Spielen vor. Wenn es den Schwestern und Mitschülern manchmal zu nervig war, wie Hildegard sie bevormundete, sprachen sie nicht gut über sie. Sie sei eitel, überheblich, herrisch, ein Besserwisser, eine Altkluge. Dies traf Hildegard nicht besonders. Sie war von der Richtigkeit ihres Verhaltens überzeugt. In ihrem Innern blutete eine andere Wunde und diese tat sehr weh. Ob Papa die Dritte lieber hat als mich?! Ob es nicht besser wäre, wenn das Kind sterbe?! Und dann passierte annähernd das, was sich Hildegard wünschte. Das dritte Mädchen, die kleine Magdalena, bekam schlimme epileptische Anfälle. Zeitweise schien es, als sei sie tot, dann zuckte sie wieder seltsam und krampfte. Hildegard sah, wie ihr Wunsch in Erfüllung gegangen war. Sie also war es, die Magdalena halb tot und behindert gemacht hatte. Diese Verstörung, die die Lieblingsprinzessin erleiden muss, ist mein Werk, dachte Hildegard. Und sie fühlte ihre Schuld und ihre Verantwortung. Ganz heimlich. Von ihrer Todsünde durfte niemand wissen. Ab diesem Zeitpunkt und bis heute ist Hildegard felsenfest überzeugt, dass sie für die Epilepsie und ihre Folgen die volle Verantwortung trägt. Das ganze Leben lang hat sie die Verantwortung für Magdalena nicht abgegeben. Bei jedem Verehrer, der bereit war, ihren Mädchennamen Lauff der Firma wegen zu übernehmen, prüfte sie zunächst, wie er zu Magdalena stand. Im Inneren spukten ihre Schuldgefühle. Immer bemühte sie sich um Wiedergutmachung. Und das dauert bis in die Gegenwart an. Sie ließ nicht zu, dass Magdalena in ein Wohnheim für Behinderte kam. Alle haben dieses Verhalten sehr geschätzt. Wie treu sie sich als Schwester aufopfert! Wie sie bereit ist, ihre Eltern zu vertreten! Nicht einmal als Magdalena starb und sie selbst schon alt war, fühlte sie sich von ihrer Verantwortung befreit. Manchmal hat sie den Eindruck, das Leben sei an ihr vorbeigegangen. Aber nur in bestimmter Hinsicht, denn die Erwartung des Vaters erfüllte sie ja. Sie erlernte den Klempnerberuf, um die Firma zu übernehmen, und sie suchte sich einen Mann, der sich den Interessen der Dynastie und dem Zusammenleben mit Magdalena anpassen würde. Einen solchen Mann zu finden war nicht leicht. Mit Hilfe einer Annonce fand sie ihn jedoch. Natürlich war die Liebe nicht groß geschrieben. Immerhin aber lebten sie in gegenseitiger Achtung miteinander. Dies konnte man daran erkennen, dass die beiden das Elternhaus renoviert und dieses Zuhause den jüngeren Schwestern angeboten hatten. Und welche Freiheiten hatten die Schwestern genossen! Reisen um die Welt, verschiedene Studien hier und im Ausland. Keine Anzeichen von Eifersucht oder Neid waren vorhanden. Es war in Ordnung. Schließlich war sie die große Schwester, die den Eltern zuliebe das Zuhause bot. Mit ihrem Mann hatte Hildegard zwei Kinder. Glücklicherweise war der Erste der lang ersehnte Knabe, von dem man sich versprach, dass er einmal die Firma übernehmen würde. Aber weit gefehlt! Er vernarrte sich in die Popmusik und verdiente sein Geld als Trommler in einer Band. Das zweitgeborene Mädchen ließ sich mit einem Mann aus Sri Lanka ein und wurde von ihm schwanger. Hildegard bestand auf einer Abtreibung. In ihrer Not folgte ihr die Tochter zwar, ihre Liebe zur Mutter erholte sich unter dem Schatten des getöteten Ungeborenen aber nicht mehr. Sie schloss sich dem asiatischen Mann voll an, heiratete ihn »anständig«, zog mit ihm in sein Land und gebar ihm hier drei Kinder. Die Firma kam in fremde Hände. Hildegard steht heute leer da, nur mit Schuldgefühlen gefüllt. Als Stammhalter ist sie gescheitert und fühlt sich deshalb dem Vater gegenüber schuldig. Wie kann ich ihm in der Ewigkeit begegnen, wenn ich seinen Auftrag nicht erfüllt habe? Ein riesengroßes Schuldgefühl plagt sie auch wegen Magdalena, hinzu kommen die Schuldgefühle wegen der Erziehung ihrer eigenen Kinder, weil es ihr nicht gelang, sie in die »richtige Bahn« zu lenken. Nur Schuld und Angst. Angst wegen und vor der Schuld. Und all dies nur, weil ihre Probleme als Erstgeborene unverarbeitet blieben. Hätten bloß die liebenden, durchaus bereiten Eltern geahnt, wo Hildegards Probleme lagen!

Als ich noch intensiv an diesem Buch arbeitete, setzte ich mich für sechs Tage in die Dominikanische Republik ab. Mein Hotel lag am Strand von Punta Cana. Hier ist man besonders familienfreundlich eingestellt, und so konnte ich meine Beobachtungen hier wunderbar weiterführen. Gleich am ersten Tag eine Szene in der Empfangshalle. Ein mexikanischer Vater liebkost seinen etwa eineinhalbjährigen Sohn auf dem Arm, aus reiner Freude küsst er ihn immer wieder auf die Wange, nicht weil das Kind dies bräuchte, eher ist es das Bedürfnis des Vaters. Nur so. Grundlos. Aus dem Bauch heraus. Genauso wie beispielsweise der Barmann beim Mixen auch noch nebenbei Samba tanzt. Ein paar Schritte weiter der ältere Bruder, der etwa vier Jahre alt ist. Er sieht überhaupt nicht hin. Vergrämt sitzt er auf der Bank und schaut weg. Nur mit den Fingern spielt er an seinen Lippen herum. Sein Selbsttrost offensichtlich. Es drängt mich, für ihn beim Papa zu intervenieren. Merkwürdigerweise fühle ich mich nun anders hinein, seit mir endlich bewusst wurde, wie es meiner Schwester ging. Tja, aber wie sage ich es dem Vater auf Spanisch? Noch bevor ich die notwendigen Wörter finde, verändert sich die Szene. Der Papa setzt den Kleinen auf den Boden, macht mit ihm ein Fang-mich-Spiel um eine Säule herum und ohne ihm noch etwas zum Abschied mitzuteilen, sagt er zu seinem Ältesten: »Pass auf ihn auf, Liebling, ich hole mir etwas vom Shop«, und verschwindet. Der große Bub ist plötzlich wach. Er läuft zu seinem kleinen Bruder, um das Fangspiel für seinen Papa fortzusetzen. Aber der Kleine scheint schon genug zu haben, er stolpert, fällt hin. Doch bevor ihm einfällt zu heulen, ist sein großer Bruder schon da. Er wird von ihm in den Arm genommen und zärtlich abgeküsst. Genauso hat es der große Sohn von seinem Papa abgeguckt, obwohl er scheinbar nicht zuschaute. Und was er sich für Mühe gibt. Er braucht seine ganze Kraft, um den Kleinen hochzuheben. Als der Papa zurückkommt, atmet er auf und gibt ihm seinen kleinen Bruder gerne zurück mit einem einzigen Kommentar: »Uff!« Und der Papa lobt ihn sehr. Erleichtert läuft der Große weg, versucht auf die Säule zu klettern und ruft seinem kleinen Bruder zu: »Guck mal, so macht man es!« Ich genieße es und schweige. Sie wissen, was sie tun.

Am gleichen Tag eine weitere Szene am Strand: Nochmals zwei Brüder, etwas älter. Der Große gräbt ein tiefes Loch im Sand, um hier ein Playmobilschiff fahren zu lassen. Dazu fehlt ihm allerdings das Wasser. Also schickt er seinen zwei- bis dreijährigen Bruder mit einer Spritzflasche zum Wasserholen ans Ufer. Das dauert jedes Mal sehr lang. Während sich der Kleine nach seinem Ermessen plagt, um den großen Bruder zufrieden zu stellen, wird dieser ungeduldig. Er schimpft. Scheinbar nur vor sich hin. Aber offensichtlich möchte er, dass die ganze Welt an seinem Erleben teilnimmt. Jedenfalls freut er sich über meine Anteilnahme. Das dauert ihm zu lange! Wie soll das Schiff ohne Wasser fahren?! Es fällt ihm gar nicht ein, selbst das Wasser zu transportieren oder seinem kleinen Bruder dabei zu helfen. Er möchte ihn aber kontrollieren. »Zeig jetzt, ob die Flasche überhaupt voll ist! Nein, das habe ich gleich gewusst.« Und da wird der Kleine jähzornig, schmeißt die Flasche weg und sich selber auf den Boden, streikt und schreit. Die Kündigung des Lieferantendienstes nimmt der Große ganz gelassen entgegen: »Er ist doof.« – »Noch klein«, sage ich zu ihm, mit der Absicht, seine Wertung zu veredeln, rückblickend wohl aber um mir selbst als der dooferen Kleinen die Stange zu halten. »Ja!«, jauchzt er siegreich und springt mit beiden Beinen in die Luft. »Klein ist er! Und doof.« Und basta. Jedoch nur für einen Augenblick. Unserem Gespräch haben einige andere Kinder gelauscht und wollen mitmischen: »Ja, das stimmt, er ist doof«, erklingt es unisono im internationalen kindlichen Kauderwelsch. Aber da entrüstet sich der große Bruder und geht auf die Barrikaden, denn er lässt nicht zu, dass sein kleiner Bruder angegriffen wird. »Ihr seid doof und blöd. Mein Bruder ist überhaupt nicht doof. Er ist nur klein.« Ja sogar handgreiflich geht er auf die potenziellen Gegner los. Dank der dazwischenfunkenden Eltern, denen es um den Frieden unter den Palmen geht, legt sich der Kampf, bevor er beginnt.

Als ob ich ausgerechnet an diesem Tag, auf der anderen Hälfte dieser Erdkugel ausgesetzt, das Thema intensiv erleben sollte, sehe ich folgende Szene: Auf der Bühne findet eine lateinamerikanische Tanzstunde statt. Hauptsächlich Teenager, aber auch einige verrückte Alte wie ich und ein paar Kinder machen mit. Unter den Kindern fällt ein etwa siebenjähriges Mädchen wegen ihrer besonderen Tanzbegabung auf. Schlank und elastisch wie eine Gazelle wirbelt sie während des Salsas zur Freude des Animateurs herum. Plötzlich macht sie sogar – zu seinem Entsetzen – ein paar Radschläge. Sie genießt die Bühne auch noch, als die Gruppe weg ist. Ganz alleine ist sie da. Solo. Einige dankbare Menschen im Publikum applaudieren, aber ich kann es nicht. Irgendwie ist mir zu viel Zurschaustellung dabei. So freue ich mich, dass auf der Bühne noch ein größeres Mädchen erscheint. Ein älteres und dickeres, etwas linkisches Mädchen. Es scheint, als möchte es genauso wie die Kleine einen Radschlag schaffen. Man merkt aber gleich, dass es gar nicht gelingen kann, ja dass sie es eigentlich gar nicht will, sondern nur einen Clown improvisiert. Erkennbar geht es ihr nicht darum, der Kleinen die Show zu stehlen, sondern um sie auf amüsante Weise von der Bühne herunterzubekommen. Wie intelligent sie es macht! Mit welchem Charme und Feingefühl! Ende der Vorstellung, drückt sie pantomimisch aus: Der Vorhang geht herunter. Hier wird gekehrt. Die Leute müssen schlafen gehen und du auch. Lachend lässt die Kleine es mit sich geschehen. Ich applaudiere, gebe ihr die Hand und frage, wie sie auf eine so tolle Idee gekommen ist.

»Solche Ideen muss ich mir wegen meiner kleinen Schwester jeden Tag einfallen lassen. Sonst hat sie mit unseren Eltern Krach. Sie mögen es nicht, wenn sie sich so vorführt.«

»Ja, aber du könntest es dir doch einfacher machen und schlicht sagen: Schluss und basta!, oder?«

»Ich will ihr keine Schande machen. Sie ist doch meine Schwester.«

»Du schützt sie also?«

»Klar. Dauernd. Weil sie ständig irgendeinen Blödsinn macht.«

»Bist du neidisch, wenn sie etwas viel besser kann als du? Zum Beispiel wenn sie Salsa tanzt oder Überschläge macht?«

»Ach, das gönne ich ihr. Sonst ist sie in vielen Dingen zurück. Besonders in Deutsch und Mathe. Unser Papa schimpft sie deshalb. Er sagt immer, dass Lis sich nur für den Zirkus eignet.«

»Ich wette, dass du ihr hilfst.«

»Mhm.«

»Dem Papa zuliebe?«

»Ja. Aber auch unserer Mama zuliebe. Und meiner Lis zuliebe.«

Ich erfahre Näheres. Zunächst war sie lange ein Einzelkind gewesen. Sie beneidete alle ihre Spielkameradinnen, die Geschwister hatten. Bei jeder Gelegenheit bat sie ihre Eltern um ein Geschwisterchen. Nichts anderes wünschte sie sich zum Geburtstag als ein Baby. Nichts anderes wollte sie unter dem Christbaum vorfinden, nur eine Wiege mit einem Baby darin. Als sie dann sechs Jahre alt war, kam Lis endlich. Manchmal sei das Zusammenleben mit Lis allerdings so anstrengend, dass der Gedanke auftauche, ob es nicht angenehmer ohne Lis sei. Sie verdränge aber einen solchen Gedanken sofort. Lieber nähme sie die Probleme hin. Auf Lis möge sie auf keinen Fall verzichten. Sie sei allen Schwierigkeiten zum Trotz ihr Ein und Alles.

Unserem Gespräch am Pool lauscht eine Frau. Wie sich herausstellt, ist sie Prokuristin eines großen Versandhauses. Ihre Kinder sind schon über Zwanzig und bereits aus dem Haus. »Ich weiß, wovon du redest. Ich selber bin auch die Älteste. Vier Jahre nach mir kam mein Bruder. Wie oft habe ich mir gewünscht, lieber mit ihm zu tauschen! Ja, ich habe ihn geliebt. Selbstverständlich. Mit zunehmendem Alter kommen wir uns sogar immer näher. Lockerer aber wurde unsere Beziehung erst, nachdem in der Pubertät jeder seinen eigenen Weg ging. Eine andere Schule, ein anderes Internat, nur ab und zu haben wir uns gesehen. In unserer Kindheit haben wir sehr viel zusammenhalten müssen. Manchmal war es mir zu viel. Und ihm auch. Er erzählt bis heute, dass ich keine feinfühlige Erzieherin für ihn war. Wen wundert's? Ich fühlte mich oft total überfordert. Die Ehe unserer Eltern ging nämlich auseinander, unsere Mutter musste wieder berufstätig werden und ich musste für Kevin sorgen. Ob ich wollte oder nicht. Gern oder ungern. Manchmal hätte ich ihn vor lauter Wut an die Wand schmeißen und manchmal vor lauter Liebe auffressen können. Jedenfalls entwickelte er sich trotz meiner erzieherischen Bemühungen zu einem Draufgänger und ich trug stets die Verantwortung und kassierte für ihn die Strafen. Du bist doch die Vernünftige und du musst auf ihn aufpassen und nicht er auf dich – diese Sätze unserer Mutter habe ich bis heute in den Ohren. So habe ich anders als mein kleiner Bruder gelernt, mich der Mutter anzupassen und für sie die Aufsicht und die Erziehung zu übernehmen.«

»Immerhin fruchtete dies für Ihr ganzes Leben«, bemerke ich. Die Psychologin in mir kann ich nicht einmal am Pool verleugnen. »Als Prokuristin hören Sie sicher auf Ihren Chef. Dafür bestehen Sie darauf, dass auch nach unten die Rangordnung eingehalten wird. So wie Sie es bei

Ihrem Bruder gemacht haben – mit bestimmtem Druck. Sicherlich nicht antiautoritär. Habe ich Recht?«

Sie nickt und erzählt noch von der Zeit, in der ihr die Anpassung und die Versuche, sich durchzusetzen, nicht gelangen. In der Pubertät musste sie bei ihrer Mutter um ihre Selbständigkeit kämpfen. Sie, die anpassungswillige Vernünftige! Dies war ihr sehr unangenehm und manchmal kam es ihr sogar absurd vor, sich gegen die Mutter zu stellen. So musste sie darum kämpfen, an einem internationalem Zeltlager teilzunehmen, in die Disco zu gehen, ihren Freund in ihr Zimmer einzuladen ... Als dann ihr Bruder ein paar Jahre nach ihr die gleichen Rechte wollte, siehe da!, dem Draufgänger standen alle Tore zur Freiheit offen. Um seine Narrenfreiheit habe sie ihn oft beneidet. Jetzt freue sie sich, wenn sie von ihm hört, wie es ihm in seiner Ehe und in seinem Beruf geht. Seine Frau habe viel Ähnlichkeit mit seiner Schwester. Um etwas älter sei sie, eine Vernünftige. Er lasse sich von ihr gerne umsorgen und verpflegen und er tue, als würde er ihre Bevormundung ernst nehmen. In Wirklichkeit aber höre er gar nicht zu und tue, was er wolle. Er überlasse ihr auch die Erziehung der Kinder. Und was macht dieser Mann, der seit jeher ein Sonnyboy war, heute beruflich? Etwas völlig anderes, als er studiert habe. Sein Diplom in Maschinenbau habe er in die unterste Schublade seines Kleiderschrankes in Frankfurt gesteckt und eine Taucherschule an der Adriatischen Küste eröffnet. Dort helfe er auch gerne als Animateur aus. Ohne Chef und ohne Personal.

Auf meine Frage, ob sie ihre Kindheit mit ihrem Bruder nochmals wiederholen würde oder lieber ein Einzelkind gewesen wäre, antwortet sie ohne Überlegung. »Klar. Lieber nochmals mit meinem Bruder. Noch besser wäre es vielleicht, wenn wir zu dritt gewesen wären und wenn ich nicht immer die Älteste hätte sein müssen.«

»Dann wären Sie aber nicht so geworden, wie Sie sind.«

»Stimmt.«

In diesem Zusammenhang denke ich an die vielen mir bekannten Einzelkinder von allein stehenden Müttern, die sich sehnlichst wünschen, dass die Mama mit dem neuen Partner schwanger wird und die eintönige Zweisamkeit endlich ein Ende nimmt. Ob die Erfüllung dieser Erwartung für das Kind immer günstig ist, lassen wir an dieser Stelle offen.

Merken Sie, wie anders sich die Geschwisterproblematik gestaltet, je nachdem, wie groß der Altersunterschied ist? Das Bewusstsein des Wunsches, ein kleineres Geschwisterchen zu bekommen, ist entscheidend. Bei allem, was wir tun, spielt ja die Motivation eine wichtige Rolle. Das, was wir gerne tun, wozu wir uns aus freiem Willen entschlossen haben, hat eine große Chance zu gelingen. Wird das erstgeborene Kind einbezogen, so dass es sich auf sein Geschwister freut, ja wird es sogar rechtzeitig auf anstehende Unannehmlichkeiten aufmerksam gemacht, entwickeln sich diese selten zu einem Drama, wenn sie wirklich auftreten. »Sollen wir dir ein Brüderlein oder Schwesterlein schenken?«, ist die Gretchenfrage, die von den Eltern gestellt wird. Dahinter steht die Botschaft: »Nicht nur Mama und Papa bekommen ein Kind, auch du bekommst es. Du sollst nicht das einzige Kind sein, sondern wir möchten, dass du Geschwister hast.« Eine weise Entscheidung, vor allem, wenn man bedenkt, dass Geschwister zeitlich gesehen die längste Bindung von allen Bindungen innerhalb des Familiensystems haben.

Im Grunde ist der Wunsch des erstgeborenen Kindes nach einem kleinen Geschwister vollkommen natürlich. Solange es klein war, hat es viel mehr genommen als gegeben. Jetzt ist die Zeit gekommen, wo es das Verhältnis zwischen Nehmen und Geben ausgleichen möchte. Auch die einseitige Rollenverteilung, dass es immer der Kleine war, gefällt auf Dauer nicht. Es möchte endlich der Große sein. Die vielfältigen Verhaltensmuster und die Inhalte dafür liefert ihm seine wachsende Nachahmungsbereitschaft. Das große Kind möchte nun, genau wie die Eltern oder auch andere Kinder in der Umgebung, jemanden bevormunden, erziehen, betreuen, beschützen. Es möchte jemanden haben, dem es endlich zeigen kann, dass es größer ist und Entscheidungen treffen kann. Es möchte einen Schwächeren genießen, bei dem es sich als Chef behaupten kann, der ihm folgt. An Puppen und Stofftieren hat das Kind seine »Groß-Sein«-Spielchen schon genug erprobt. »Es ist langweilig, dauernd alleine zu sein«, höre ich immer wieder Einzelkinder sagen, die ihre einseitige Rolle satt haben.

Ist das Erstgeborene also reif genug für diesen Wunsch, wird das Geschwisterchen als Geschenk und als Bereicherung begrüßt. Erst angesichts des kleinen Geschwisters bekommt das Kind die Chance, seine Größe wahrzunehmen und seine »Krönung zu feiern«. »Du bist der Erste, der zu uns gekommen ist. Dein Bruder ist der Zweite. Du bist die Ältere, die Schwester ist die Jüngere. So ist es und so bleibt es. Für immer.« So heißt die Krönungsformel, die das Kind von seinen Eltern hören möchte. Bewusst und gerne akzeptiert es dann die ihm zugewiesene Rolle. Die Nachteile nimmt es mehr oder weniger gerne in Kauf.

Allerdings hängt es von den Eltern ab, ob und wie sie

ihr Erstgeborenes motivieren und wie sie es bei unerwarteten Frustrationen stützen. Im äußersten Falle heißt es, ihm zu vermitteln, dass seine Geborgenheit nicht in der Rolle des Großen liegt, sondern in der Sicherheit, dass seine Eltern es vorbehaltlos lieben. Wie das Kind mit den Anforderungen, die auf es zukommen, umgeht, hängt vor allem davon ab, wie stark sein Ich-Gefühl entwickelt ist. Je älter das Kind ist, umso bereiter ist es, seine Eltern zu teilen, seine Sachen an das Jüngere abzugeben und sich an der Erweiterung der Familie zu freuen. Allein aus diesem Grund ist ein Altersabstand von mehr als drei Jahren positiv. Mit fünf Jahren ist die emotionale Intelligenz so weit entwickelt, dass es unter normalen Umständen selten zur Krise kommt.

Diese Erkenntnis soll aber weder eine Empfehlung noch eine Warnung sein. Das Gesetz der Polarität haben wir inzwischen kennen gelernt, daher wissen wir, dass jeder Vorteil auch einen Nachteil haben kann. Mit dem wesentlich älteren Geschwister streitet man zwar weniger, aber man kann auch das gemeinsame Spielen nicht so genießen. Umgekehrt gilt das Gleiche: Jeder Nachteil kann auch einen Vorteil beinhalten. Wenn man sein Geschwister als den besten Mitspieler genoss, fällt es schwerer, sich von ihm zu lösen, um für sich selbst und die eigene Familie frei zu sein. Die Logik der Natur rät hier, das Leben mit allen seinen Gegensätze so zu nehmen, wie es kommt, und daraus das Beste zu machen. Besser formulieren kann man die große Weisheit nicht als der spätmittelalterliche Theologe und Philosoph Nicolaus Cusanus: »Das größte Geheimnis Gottes kann der Mensch nie verstehen. Er muss sich lediglich tagtäglich plagen mit dem Zusammenfluss der beiden Gegensätze.«

Warum sind größere Unterschiede bezüglich des Alters und des Geschlechts meist weniger spannungsgeladen? Es wäre ungewöhnlich, wenn der Chefarzt mit einem seiner Assistenzärzte einen Rivalitätskonflikt hätte, oft aber hat er derartige Probleme mit seinem Oberarzt. Ähnlich herrscht selten ein Konkurrenzdenken zwischen Eiskunstläuferinnen und Eiskunstläufern vor. In der Regel aber bestehen hartnäckige Rivalitätskämpfe innerhalb der Damen- und innerhalb der Herrenmannschaft. Rivalität hat immer dort einen Nährboden, wo es nur kleine Unterschiede gibt, sodass ein Aufholen oder sogar Überholen des Rivalen möglich erscheint.

Ähnliche Verhaltensmuster sehen wir auch in Geschwistergruppen. Meist ist das Verhältnis zwischen einem Bruder und einer Schwester um einiges weniger konfliktgeladen als zwischen zwei Schwestern oder zwei Brüdern. Vielmehr ziehen sich die beiden als Gegensätze an und ergänzen sich. Dies gilt unabhängig davon, welches Kind das ältere und welches das jüngere ist. Falls das Mädchen älter ist, wächst es in die Rolle der Beschützerin und oft auch Bevormunderin ihres kleinen Bruders. Und wenn der Bruder der Ältere ist, dann übernimmt er die Rolle des Kavaliers für sein kleines Schwesterchen. Der Altersunterschied hat dabei nur geringfügige Bedeutung. Eine wesentlich größere Rolle spielt das unterschiedliche Geschlecht. Innerhalb derselben Geschlechtsgruppe, also zwischen zwei Schwestern oder zwei Brüdern, ist das Spannungsfeld begünstigt. Und je kleiner der Altersunterschied ist, umso größer ist der Wettkampf. Die bekannten Metaphern von den zwei Hähnen auf einem Hof oder den zwei Hexen auf einem Besenstiel drücken dies volkstümlich aus. Bei diesem Kopf-an-Kopf-Rennen von zwei fast Gleichen beginnt das eifersüchtige, ehrgeizige Vergleichen. Zwei Menschen bilden auch noch keine Gruppe. Erst mit drei Personen – »tres faciunt collegium«, wie das lateinische Sprichwort die uralte Wahrheit ausdrückt – beginnt eine Gruppe. Innerhalb einer größeren Geschwistergruppe sind die Rollenverteilungen und Aufgaben so verschieden, dass die Spannungen verteilt werden und sich nicht auf zwei Rivalen konzentrieren. Wie häufig ist das Erstgeborene eifersüchtig, wenn es zuschauen muss, wie seine Mama das neue Baby liebkost, und es würde den Familienzuwachs am liebsten auf den Mond schießen? Wetten wir aber, dass sich sein Verhältnis zu diesem zunächst beneideten, jetzt aber selbst eifersüchtig gewordenem Baby ändert, sobald das dritte Kind kommt. Zwischen den beiden ehemaligen Rivalen kann jetzt eine echte Solidarität entstehen.

Eine Begebenheit auf einer meiner Zugfahrten mag dies illustrieren. Eine Mutter mit drei Kindern tröstet in ihrem Arm das Jüngste. Das etwa zweijährige Mädchen möchte unbedingt auf ihren Schoß klettern, wird aber abgewiesen und quengelt. Da wendet sich ihm mit außerordentlich freundlicher Stimme sein etwa vierjähriger Bruder zu: »Komm, wir laufen den Gang entlang! Ich zeige dir etwas.« Süß klingt die Stimme, als würde die Mama selbst trösten. Und sie nehmen sich an den Händen und so zusammenhaltend ist die eifersuchtsgeladene Szene schnell vergessen. Ich frage die Mutter, ob es schon immer so gewesen sei. »Ach wo! Die beiden stritten ständig miteinander. Hauptsächlich der Große hatte dauernd etwas gegen seine Schwester. Er hat sich schlagartig verändert, als der Jüngste kam.« Die beiden aus dem Nest Herausgefallenen bilden nun miteinander eine Art Selbsthilfegruppe. Aller Wahrscheinlichkeit nach wird der kleine Bruder auch noch dazurücken, sollte ein viertes Kind auf die Welt kommen. Und alle werden zusammenhalten, zweifellos geführt und geschützt vom Ältesten, wenn es zu Angriffen auf dem Spielplatz oder sonst wo kommt.

Eine ähnliche Gruppendynamik ist auch im Sport erkennbar. Innerhalb der Mannschaft der Schispringer kann noch so viel Neid bestehen, denn man gönnt dem Konkurrenten seine längeren Sprünge nicht. Tag für Tag die gleichen scharfen Blicke beim Training und das verbissene Streben besser sein zu wollen. Sobald die Mannschaft zu Wettkämpfen antritt, wendet sich das Blatt. Nun steht die gesamte Mannschaft gegen die anderen. Sie halten zusammen. Jeder gönnt dem anderen den besten Sprung.

Je nach Geschlecht lässt sich die Krise unterschiedlich bewältigen

Interessant ist nun auch die Frage, ob sich Mädchen mit dem Verlust der Einzelkindsituation leichter abfinden als Knaben. Der Laie würde meinen, dass diesbezüglich alle gleich seien. Doch das stimmt nicht. Von der genetischen Anlage als auch von der geschlechtsspezifischen Erziehung her sind nämlich Männer und Frauen mit gegensätzlichen Verarbeitungsfähigkeiten ausgestattet. Wenn ich nun einen kleinen Exkurs unternehme, dann bitte ich den Leser zu bedenken, dass es sich nur um Tendenzen handelt, nicht um absolut geltende Größenordnungen. Dem männlichen Geschlecht ordnet man besonders das lineare Denken zu, das sich nach bestimmten Ordnungsstrukturen und vorauskalkulierbaren Schemata richtet. Im weitesten Sinne geht es um technische Intelligenz. Überall dort, wo man sich auf bestimmte feste Angaben und Regeln verlassen kann, tun sich Männer leicht. Nachteilig zeigt sich dieses Denken bei Krisen. Falls die vorausberechnete Lösungsstrategie scheitert, neigt der Mann zum Zusammenbruch. Hier ist das weibliche Geschlecht im Vorteil. Zwar sind Frauen weniger begabt für lineare Strategien, dafür ist ihr Denken eher spiralförmig, was die Erfassung von ganzheitlichen Zusammenhängen möglich macht. Frauen lassen Intuition und Phantasie walten, sie bedienen sich der Kunst der Motivierung, die von Verführung bis Diplomatie reicht. Von großem Vorteil erweist sich diese Art der Verarbeitung bei großen Veränderungen im Leben. Bei Krisen setzen sie nicht unbedingt auf eine einzige Lösungsmöglichkeit, sondern können improvisieren, sich mit der Phantasie trösten, sich gedulden, neue, ungewohnte Wege kreieren. Die unterschiedliche Belastbarkeit von Männern und Frauen in Krisen ist eine erwiesene Tatsache, auf die sich sogar Versicherungsanstalten verlassen. Aufgrund der Gefahr, in Krisen psychosomatisch zu erkranken, ist die Lebensdauer der Männer kürzer. Dabei gibt es je nach Land und Zeit Unterschiede. Noch vor einigen Jahren war die Lebenserwartung der deutschen Frauen um siebeneinhalb Jahre länger als die der Männer. Nachdem sich Frauen heute von den Männern unabhängiger machen, auch deren Berufe übernehmen, werden auch sie anfälliger für die typischen Manager-Krankheiten. Und da sich die Männer bemühen, sich weniger wie Machos zu verhalten und eher »soft« zu sein, hat sich die Differenz in der Lebensdauer der beiden Geschlechter bereits auf sechs Jahre verkürzt. Daran sehen wir, dass unser Umgang mit Krisen viel mit der individuellen Entwicklung zu tun hat. Zum großen Teil aber wird er durch das genetisch angelegte Rüstzeug bedingt und hat Einfluss darauf, wie das Kind auf seinen ersten großen Verlust reagiert. Falls dem Jungen plötzlich die Mutter fehlt, von der allein er sich normalerweise Trost holte, dann gibt er meist seine Versuche, Zuwendung zu bekommen, auf und tröstet sich auf seine typisch »männliche« Weise mit kleinen Sicherheiten technischer Art. Mit dem gleichen Verlustschmerz konfrontiert, zeigt ein Mädchen mehr Frustrationstoleranz, es bemüht sich auf verschiedene Weisen um die Mutter, lässt sich von der Oma trösten, reagiert sich im Puppenspiel ab, projiziert seine Wut gegen die untreue Mama auf eine Hexe im Kasperletheater, lässt seinen Tagträumen freien Lauf, in denen das Baby wieder verschwindet oder es selbst schwer krank wird, so dass die Mama bitter bereut, was sie dem armen Kind angetan hat.

Von entscheidender Bedeutung ist auch, zu welchem Geschlecht die Mutter oder der Vater mehr halten und was sie von der eigenen Kindheit her auf den Sohn oder die Tochter übertragen. Viele Untersuchungen belegen, dass Mütter für ihr Söhnchen meist mehr Einfühlungsbereitschaft zeigen als für die Töchter. Das hat sicher viele Gründe. Zum einen erfuhr das männliche Geschlecht in vielen Gesellschaften eine höhere Wertschätzung, daher wurde auch der erste Sohn besonders gewürdigt. Möglicherweise spürt aber auch das mütterliche Herz intuitiv die Unbeholfenheit des kleinen Mannes, so dass sie ihm gerne ihre Unterstützung zukommen lässt. Welch eine Weisheit der Schöpfung ist hier am Werk, die für das Gleichgewicht zwischen den Gegensätzen sorgt!

Ziehen wir aus den genannten Beispielen eine Bilanz, dann fällt auf, dass Erstgeborene durch die Konfrontation mit dem Verlust ihrer Einzelkindposition bestimmte Eigenschaften ausbilden mussten:

Sie haben gelernt zu teilen und zurückzustecken. Sie sind geübt im Ertragen von Frustrationen, sind belastbar und können Verluste kompensieren. Für die verloren gegangene Geborgenheit haben sie ihre Sicherheit in gesteigertem Leistungsvermögen entwickelt, oftmals bis zur Perfektion. Im Hinblick auf soziale Fähigkeiten sind sie trainiert in der Übernahme der Verantwortung und der Helferrolle. In diesem Sinne haben sie gelernt, sich an den Erwachsenen zu orientieren, sie nachzuahmen, ihre Verhaltensmuster und Traditionen zu übernehmen, ihre Ordnungen ernsthaft einzuhalten und weiterzugeben.

Der gemeinsame Nenner all dieser Eigenschaften lautet: immer groß zu sein. Im Grunde hat das Erstgeborene seine wahre Geborgenheit verloren, dafür aber mit Hilfe kompensatorischer Bemühungen das Bewusstsein für seine Größe gewonnen. Die Stelle des Ersten wird zur Ersatzsicherheit. Falls aber dieses Ersatzmittel nicht mehr taugt, entsteht ein Entzug, der quälende Verlustschmerzen beinhaltet, begleitet von Unruhe, Unzufriedenheit mit sich selbst, Selbstzweifeln, Schuldgefühlen, Leistungshemmungen und Versagensgefühlen. Wenn die einzige große Ersatzsicherheit verloren geht und durch nichts anderes kompensiert werden kann, wird die eigene Identität schwer erschüttert. Wer bin ich eigentlich? Was bin ich überhaupt wert? Es entsteht eine Leere. Ein schwarzes Loch. Dann schießen die Ängste hoch. Die Minderwertigkeitsängste sind immer nur so hoch, wie auch die Abhängigkeit von der eigenen Größe war. Verloren geht nur etwas, was gewonnen wurde.

Eben diese Spannbreite zwischen dem gewonnenen

Hochgefühl und seinem Verlust kann zum großen Lebensdrama der Erstgeborenen werden.

Wenn die erste Stelle verloren wird

An dieser Stelle möchte ich Ihnen zwei Geschichten erzählen. In der ersten geht es um den totalen Verlust dessen, was das Kind bis dahin, bezogen auf beide Eltern, Geschwister und die übrige Familie, besessen hat. Im zweiten Falle geschieht der Verlust zwar nur durch einen Elternteil, jedoch mit einer nicht weniger dramatischen Auswirkung auf die weitere Lebensgestaltung des Betroffenen.

Das folgende Fallbeispiel zeigt sehr eindrucksvoll, was geschieht, wenn ein Kind die erste Stelle bei den Eltern verliert.

Marcel, vom Prinzen zum schwarzen Schaf

Als ich ihn nach vielen Jahren wieder sah, war er längst das schwarze Schaf in der Familie. Von seiner Prinzengeschichte war nur noch ein Traum übrig geblieben. Ein Versager in allen Berufen, die er je begonnen hatte. Seine Standfestigkeit hatte er nur im Trinken bewiesen. Und für die hatte sich hauptsächlich die Polizei interessiert. Alkohol am Steuer, Verlust des Führerscheins, Schlägerei unter Alkoholeinfluss, Haftstrafe mit Bewährung, Haftstrafe ohne Bewährung. Seine Eltern und sein jüngerer Bruder lebten zwar noch und das gut, aber sie schämten sich für ihn bis auf die Knochen.

Ich konnte mich an die Familie gut erinnern. Sie hatten sich schon damals für ihn geschämt. Damals war ich eine noch nicht so erfahrene Psychologin in einer Erziehungsberatungsstelle. Die Problematik konnte ich zwar bis in die Einzelheiten aufrollen, Marcels Nöte verstehen und realistisch deuten, aber die Eltern gewann ich für die Lösung nicht. (Ob es mir heute eher gelingen würde?)

Der damals achtjährige Marcel wurde mir vorgestellt, weil er sich in seinem Wesen so verändert habe. »Er war unser ganzer Stolz und jetzt wird er zu unserer größten Schande«, klagten die Eltern beim Vorstellungsgespräch. Früher sei er so anständig gewesen! Der Sonnenschein der Familie. Davon hätten sie jede Menge Filme zeigen können. Und jetzt? Sobald er in die Schule gekommen sei, sei er wild geworden. Zu einem Amokläufer habe er sich entwickelt. Die Lehrer seien sich nicht im Klaren, ob seine Leistungsverweigerung auf einen Intelligenzmangel oder auf soziale Unreife zurückzuführen wären. Die allergrößten Ängste überkamen die Eltern, wenn sie in der Zeitung etwas über kindliche Kriminalität lasen. Gehörte Marcel dazu? Die Eltern fühlten sich jedoch nicht schuldig für Marcels Verhalten. Etwas Unheimliches musste passiert sein, was den Bub verändert hatte. War er hyperaktiv geworden? Brauchte er wirklich Psychopharmaka, wie seine Klassenlehrerin meinte?

Der Bub sitzt während des Gesprächs mäuschenstill auf dem ihm zugewiesenen Stuhl zwischen seinen Eltern. Verängstigt richtet er seinen Blick auf den Boden. Er wirkt überhaupt nicht aggressiv. Ich versuche, der Ursache für die Wesensveränderung nachzugehen. Wann begannen die Unruhe und die zerstörerische Wut gegen die Umwelt? Gegen wen richtet Marcel eigentlich seine Aggressivität?

Marcel war das lang ersehnte Kind. Der ganze Stolz seiner Eltern. Einige Jahre bemühten sie sich schon vergebens um den Kindersegen und dann endlich kam das Kind. Ein Bub! Gesund, gut gewachsen, hübsch. Gleich zu seiner Taufe bekam er von den Großeltern ein Tagebuch, in welchem diese seine wachsenden Leistungen festhalten konnten. »Vergesst ja nicht einzutragen, wann das Kind seine ersten Schritte macht, wann es Zähne bekommt und welche ersten Worte es spricht. Das ist doch der Sinn dieses schönen Buches. Als wir junge Eltern waren, gab es so etwas nicht«, waren die Begleitworte der Großeltern. Alle Errungenschaften des kleinen Marcel wurden groß gefeiert: das erste Sitzen im Essstuhl, die erste Spieluhr, das erste noch unbeholfene Krabbeln mit dem tollpatschigen Sturz auf den Hintern. Als dann Marcels Mutter zum zweiten Mal schwanger wurde, rechnete das ganze familiäre Team damit, dass der kleine Prinz bestimmt sehr eifersüchtig reagieren würde. Wie erträgt er bloß seine Entthronung?, fragten mitleidig die Eltern, die Großeltern mütterlicher- und väterlicherseits und alle, die ihm bis jetzt den Hof gemacht hatten. Ohne sich verabreden zu müssen, waren sich alle einig, dass sie weiterhin für den Prinzen da sein würden. Und je eifersüchtiger Marcel auf seinen kleinen Bruder reagierte, umso mehr artete die Hofierung in die Betonung von Marcels Leistungsvermögen aus. Als das Baby unentwegt an Mamas Brust lag, hörte Marcel: »Schau, er kann mit seinen Händen noch gar keinen Löffel halten, er ist noch zu dumm, allein zu essen. Aber du, du kannst es. Und wie toll du es kannst! Opa, guck mal, wie Marcel schon die Spaghetti aufdrehen kann!« Wenn Marcel wütend war, weil Papa jetzt bei jedem Spaziergang das Baby im Kängurusack schleppte und das Kleine mit seinen Kitzelspielchen zum Lachen brachte, wiesen alle unisono auf seine Geschicklichkeit beim Laufen, Springen, Klettern und Spielen hin. »Kommt alle her!«, rief die Uroma. »So einen geschickten Bub habe ich noch nie in meinem Leben gesehen. Schaut bloß, wie schnell er verstanden hat, wie man das Videogerät einschaltet. Dich möchte ich nicht missen, Junge. Du kennst dich in allem aus.«

Aus Marcels Sicht erschien ihm diese Welt als etwas, was sich leicht beherrschen ließ, was sich ihm fügte, was er sofort beherrschte. Es ärgerte ihn zwar, dass alle Menschen, die zu seinem Hof gehörten, sich dem Kleinen zuwandten; aber noch bevor er seine Unzufriedenheit zu äußern begann, merkten sie es und sorgten dafür, dass er postwendend Beweise seiner Überlegenheit bekam. »Marcel, zeig deinem Brüderchen, wie weit du springen kannst. Schau, er kann noch nicht einmal auf beiden Beinen allein stehen.« – »Du kannst so gut sprechen und der Kleine schreit und gurrt nur.« »Und wie du zeichnen kannst! Welch wunderbare Phantasie! Und schau, wenn du deinem Brüderchen den Stift anbietest, weiß er nicht einmal, wie man ihn hält.« Allen Bewunderern entging, dass Marcel selbst keine korrekte Stifthaltung beherrschte. Wie im Rausch, Leistung folgte auf Leistung, Erfolg auf Erfolg. Du hast nichts verloren, Junge, wenn du stets in allem der Beste bist. Noch im Kindergarten konnte Marcel zu seinem Image stehen. Er war ein durchaus weicher, sanfter Junge, kein Tyrann. Ein Prinz und der Liebling der Mädchen. Sie passten sich gerne seinen Spielideen an. Niemand merkte, dass Marcels Zeichnungen nicht gut geformt waren, nur ein buntes Gekritzel, welches er mal als Flugzeug, mal als Hexe deutete. Marcel wollte wie seine Altersgenossen auch eingeschult werden. Ein großes Fest für die Familie. Den schönsten Schulranzen hatten sie ihm gekauft. Der kleine Bruder war außer sich vor Zorn, dass er keinen Ranzen bekam. Dennoch schaute er voller Bewunderung zu Marcel auf. Alle Omas und Opas begleiteten ihn. Fotos wurden geschossen und Filme gedreht und sogar ein Fotoalbum »Unser ABC-Schütze Marcel« angelegt. So war es. Und das war auch das Schwanenlied.

Marcel wollte in der Schule nicht so gut wie die anderen Kinder sein, er wollte der Beste sein. Mit dieser Vorstellung machte er sich an die erste Schreibübung heran. Er hielt den Stift mit der Faust, vergebens versuchte er, auf den Zeilen zu bleiben. Dauernd prüfte er nach, ob die Linie nach rechts oder links ging, ob nach oben oder unten, verplante sich mit dem Druck, sodass er stellenweise das Papier durchbohrte, auch die Zunge schrieb mit. Marcel musste ausruhen, für eine Weile die verschwitzte Hand vom Stift befreien, durchatmen. Und da schaute er um sich und sah zu seinem allergrößten Schreck, dass seine Nachbarn schon längst mit der Schreibübung fertig waren und es auch noch schön gemacht hatten! Er sprang auf, rannte durch das Klassenzimmer und schaute nach, ob bereits alle Kinder mit der Aufgabe fertig waren. Die Lehrerin rief ihn zurück: »Marcel, setze dich doch auf deinen Platz!« Aber Marcel hörte nicht. Die ersten Entzugserscheinungen zeigten sich. Er wollte der Beste sein. Der Boden unter seinen Füßen wurde ihm entzogen. Er geriet in Panik. Nie mehr gelang es, ihn für das Schreiben zu gewinnen. Auch Lesen mied er. Hier spürte er die gleichen Schwierigkeiten. Leider hatte niemand bemerkt, dass Marcels Verhalten und das hohe Niveau seines logischen Denkens auseinander klafften, und eine gezielte Behandlung angestrebt. Ab diesem Tag galt Marcel als dumm und faul. Vielleicht konnte er nichts dafür? Möglicherweise wurde sein Gehirn von irgendeinem unbekannten Virus befallen? Egal, was die Ursache sein mochte, Marcels Wesensveränderung war die schlimmste Enttäuschung für alle. Gut, dass die Familie noch einen anderen Sohn hatte.

Marcel hatte also seine erste Stelle an seinen Bruder verloren. Sein Luftschloss brach wie ein Kartenhäuschen zusammen. Jetzt hatte er nichts mehr. Zunächst verlor er seine Geborgenheit an seinen kleinen Bruder. Ersetzt hatte er die Geborgenheit durch das Image des Leistungsfähigeren. Nun war auch dieses Surrogat verloren. Er war verzweifelt, aber niemand hatte dies bemerkt. Ein verlorenes, armes Kind. Er wurde immer schwieriger. Von wegen ein Prinz! Ein Halunke. Um das Gefühl des Stärkeren zurückzugewinnen, benutzte er jetzt seine physische Kraft. Er forderte heraus, griff an und machte andere klein, um selbst als der Größere abzuschneiden. Aufgrund seiner Schulprobleme und der immer massiver werdenden Erziehungsschwierigkeiten wurde er ab der zweiten Klasse in die Sonderschule versetzt.

Zu diesem Zeitpunkt hatte ich die Chance, Marcel zu untersuchen. Ich riet den Eltern, Marcel so anzunehmen, wie er war, nicht auf Leistungen zu bestehen, die er sowieso nicht erbringen konnte. Meine Ratschläge wurden als Unsinn abqualifiziert.

Nach einigen Jahren Sonderschule vor Ort landete Marcel zeitweise in einem heilpädagogisch geführten Heim, dann im Internat und wieder im Elternhaus, wo er ertragen musste, wie sein kleiner Bruder als erfolgreicher Gymnasiast gefeiert wurde. Dies verkraftete er nicht und um sein Elternhaus verlassen zu können, zog er in ein Wohnheim. Hier stabilisierte er sich einigermaßen, machte eine praktische Lehre als Bäcker und sogar seinen Führerschein. Aber er konnte es nicht lassen, sich als der Überlegenere darzustellen. So eckte er bei jedem Chef an. Und er verlor zum ersten Mal auch seinen Führerschein, weil er zu schnell fuhr. Lachte ihn jemand als Besserwisser aus, rächte er sich handgreiflich, um doch als der Überlegenere zu gelten. Von wegen ein schwarzes Schaf! Stimmiger wäre zu sagen, ein verlorenes Schaf.

Im nächsten Beispiel sehen wir, welche Folgen der Verlust der ersten Stelle bei einem Elternteil haben kann.

Gabriele, im »ödipalen Viereck«

Auf den ersten Blick ist Gabriele ein fröhliches, unbeschwertes Wesen. Eine erfolgreiche Studentin im achten Semester Medizin. Niemand würde meinen, dass ihr etwas fehlt. Niemand würde es für möglich halten, dass Gabriele schon zweimal versucht hat, durch Selbstmord aus ihrem jungen Leben zu scheiden. Eine todtraurige Seele unter einer lachenden Maske. Kennen gelernt habe ich sie bei einem therapeutischen Seminar, bei dem sie als Kinderbetreuerin jobbte. Sie bekam Gelegenheit, bei meiner Arbeit mit den Eltern zu hospitieren. Vieles erinnerte sie dabei an ihr eigenes Schicksal. Es fiel ihr wie Schuppen von den Augen, was in ihrer Kindheit geschehen war. Alles schien so normal. Ihre Eltern führten eine gute Ehe, die ganz normal mit großer Verliebtheit begann, später lebten sie sich auseinander, was jedoch für viele Ehen typisch ist. Trotzdem blieben die Eltern bis zum Tod des Vaters zusammen. Er starb an Krebs, als Gabriele einundzwanzig Jahre alt war. Sie gönnte ihm die Erlösung von seinen Qualen und ließ ihn los. Ihm zuliebe. Sie selbst aber fühlte sich sehr verlassen. War er doch der einzige Mensch, der sie wirklich liebte. Bei jedem ihrer Selbstmordversuche hatte sie eigentlich versucht, dem Papa näher zu kommen. Einmal sprang sie aus der zweiten Etage von dem Balkon herunter, wo ihr Vater gerne seine Zigarillos geraucht hatte, um Mutters weiß gewaschene Gardinen nicht zu verrauchen. Knochenbrüche waren die Folge. Den zweiten Selbstmordversuch unternahm sie mit einer Überdosis Schlaftabletten. Blöderweise habe sie die leeren Packungen auf ihrem Nachttisch liegen gelassen, sodass die Mutter sie fand, noch bevor Gabriele ihr Tod gelang. Unfeierlich, rabiat, beschämend endete der Weg zu ihrem Papa: Ihr wurde der Magen ausgepumpt. O nein, depressiv sei sie nicht, antwortete sie auf meine Frage. Es sei nur so schwer, ungeliebt zu leben! Ihre Mutter sei die Liebe selbst, o ja! – aber nur zu ihrem Sohn. Den liebe sie abgöttisch. Sie könne sich nicht erinnern, je die volle Liebe ihrer Mutter bekommen zu haben, obwohl ihre Mutter dauernd das Gegenteil behauptet. Schon in ihren erste Erinnerungen sehe sie sich auf dem Schoß und auf den Schultern ihres Papas. Da war sie etwa drei. Und ihren um zwei Jahre jüngeren Bruder sehe sie immer auf dem Schoß der Mutter.

Detektivisch suchte ich einen Zusammenhang zwischen diesen Angaben und den beiden Selbstmordversuchen. Jedes Mal geschah es in der Nähe der Mutter, ja sogar so, dass sie es gleich oder sogar vorzeitig mitbekommen musste. Also ein Brief an die Mutter? Eine Herausforderung der Mutter, die Liebe schuldet? Eine Strafe für ihre Nichtliebe? Ein Hilferuf? »Mama, ich bin doch auch da, schau, wie ich zu Tode traurig bin.«

Ich bot Gabriele an, mit ihrer Mutter zu einem meiner nächsten therapeutischen Seminare zu kommen, um ihrer beiden Bindung zu erneuern. Die entscheidende Frage, ob sie sich nach der Liebe ihrer Mutter wirklich sehne, konnte Gabriele mit vollem Herzen beantworten. Sie bezweifelte lediglich, dass auch ihre Mutter dies wolle und bereit sei, an dem Seminar teilzunehmen, denn sie sei solchen »Psychodingen« gegenüber sehr misstrauisch. Zu Gabrieles großer Überraschung akzeptierte die Mutter ihr Angebot ohne Wenn und Aber. Damit war schon fast alles gewonnen. In Sachen Liebe ist aber nicht nur die Offenheit des Herzens am Werk. Antoine de Saint-Exupéry hat zwar sehr schön gesagt, dass man nur mit dem Herzen richtig sieht. Dem will ich jedoch die Erfahrung hinzufügen, dass das Herz auch blind sein kann, so wie es bei der Verliebtheit der Fall ist. Um Missverständnisse zu klären, muss Verständnis, also der Verstand, zu Hilfe gerufen werden. Und der Verstand braucht Informationen. Zum Glück war Gabrieles Mutter gerne bereit, diese zu geben und auch meine Deutungen nachvollzuziehen.

Typischerweise begann die Familie so, wie in diesem Buch schon einige Male geschildert. Das Ehepaar liebte sich, Gabriele kam als erstes Kind auf die Welt, ein Geschenk Gottes. Für die junge Mutter ging ein Traum in Erfüllung und der Vater war mächtig stolz. In der damaligen Zeit lebten die bewährten Methoden der Kinderbetreuung wieder auf. So genoss das Kind mit der glücklichen Mutter eine sanfte Geburt nach Leboyer, in der Entbindungsklinik gab es Rooming-in, Stillen war wieder selbstverständlich und das Tragtuch wurde dem Kinderwagen vorgezogen. Auch durfte das Kind in der Besucherritze im Ehebett schlafen. Die Mutter fühlte sich die ganze Zeit sehr sicher, nicht nur gestützt durch den herrschenden Zeitgeist, sondern sie spürte in ihrem Innersten, dass ihre Instinkte und

Gefühle stimmig waren. Sie konnte sich auch vollkommen auf ihren Mann verlassen. Er war einer der ersten Männer, die sich trauten, bei der Geburt dabei zu sein. Ein begeisterter Vater war er, als wäre das Kind aus seinem Bauch gekommen. Wenn es biologisch möglich gewesen wäre, hätte er das Baby selbst gestillt. Alle Voraussetzungen für eine gute Bindung sowohl zur Mama als auch zum Papa waren gegeben. Gabriele entwickelte sich absolut nach der Norm, sie war sogar eher ein Frühentwickler. Als ihre Trotzphase fast abgeklungen war, kam David auf die Welt. Zart im Äußeren, dafür stark im Schreien und Verlangen nach mütterlichem Trost. Zunächst wurden die Schreiattacken mit Bauchkoliken begründet. Vom Papa ließ sich das Büblein partout nicht beruhigen. Jede Nacht musste die Mama weite Strecken in der Wohnung zurücklegen, bis er in ihrem Arme endlich einschlief. Sobald sie versuchte, ihn vorsichtig ins Bettchen zurückzulegen, merkte er dies sofort und das Schreien und Herumwandern begann wieder von neuem. Gabriele litt darunter sehr. Inwieweit sie die Eifersucht plagte, konnte man nicht sicher deuten. Die Tatsache, dass sie durch das Schreien nicht zur Ruhe kommen konnte, schien als Ursache für ihre Unruhe auszureichen. Sobald sie zu schreien begann, holte sie der Vater aus ihrem Bett und nahm sie in seines. Aber weil auch er nicht zur Ruhe kommen konnte, die er für seinen Beruf aber brauchte, beschloss das Ehepaar, dass der Papa ins Gästezimmer umziehen sollte und Gabriele mit ihm.

Hier fielen die Würfel für die familiäre Dynamik. Obwohl alles gut gemeint war, weil es unter Rücksicht auf alle geschah, hat es doch allen geschadet. Alle Beziehungen innerhalb der Familie entgleisten. Nach Jahren noch hatten sich die Einzelnen um Besserung bemüht, der Schaden aber erschien irreparabel. Wie ob man einem Karren, der auf einer leicht schiefen Ebene steht, einen kleinen Stoß gibt. Er beginnt, sich bergab zu bewegen. Zu diesem Zeitpunkt hätte man ihn mit einem gezielten Griff noch anhalten können. Aber den Zeitpunkt hatte man versäumt und nun rast der Karren immer schneller und schneller bergab. Unten im Tal bleiben dann nur noch Trümmer von ihm übrig.

Welcher Griff wäre der rettende gewesen? Eine gute Lösungsmöglichkeit wäre gewesen, für den kleinen Schreier eine Wiege oder eine Hängematte neben dem Ehebett zu installieren, um sein Bedürfnis nach Wiederholung des urvertrauten vorgeburtlichen Rhythmus zu erfüllen, ohne dass er die Mutter zum steten rhythmischen Stimulieren durch Stillen oder Herumtragen hätte treiben müssen. Für Gabriele wäre in dem Falle gut gewesen, unverändert in ihrem Bettchen zu bleiben oder in die Mitte des Ehebettes zu kommen und hier nicht nur vom Vater, sondern auch von der Mutter ihre unverändert treue Zuneigung bestätigt zu bekommen. Eine andere gute Alternative wäre gewesen, das schon Geschehene – Papas Umzug mit Gabriele ins Gästezimmer – möglichst bald rückgängig zu machen. Wie? Gabriele zurück in den Arm der Mutter, damit sie bei ihr ihren Schmerz und ihren Frust hätte abladen und sich in erneuerter Geborgenheit wieder hätte gebunden fühlen können.

Nichts davon geschah jedoch. So, wie die Weichen gestellt worden waren, fuhr der Karren immer tiefer ins Elend und jeder von den vieren erfuhr dabei ein Unheil:

Gabriele fühlte sich von ihrer Mutter verraten und verlassen. Überzeugt, dass die Mama jetzt nur noch den kleinen David liebte, wandte sie sich immer mehr von ihr ab und dem treuen Vater zu. Außerdem beobachtete sie zunehmend, dass auch der Papa einsamer und trauriger wurde. Immer seltener sah sie, dass ihre Eltern sich in den Arm nahmen. Mamas Arm war ja stets mit dem Baby besetzt. Um den Papa aufzuheitern, schmuste Gabriele mit ihm. Beiden tat dies gut.

Der Vater merkte zunehmend, dass seine Frau immer weniger für ihn da war, seit der Junge auf der Welt war. Auch die Sexualität schränkte sie ein. Stets klagte sie, wie unausgeschlafen sie sei, wie ausgenommen sie sich von dem kleinen Tyrannen fühle und wie wenig Entlastung sie von ihrem Mann bekäme. Wie oft er sich diese Vorwürfe wohl noch anhören müsse, fragte sich der Vater. Als wäre es nicht schon genug, dass er nun in allem zurückstecken muss! Seit sie den Sohn haben, klebt seine Frau dauernd an ihm! Der Sohn ist ihr wichtiger als ihr Mann! Wenn er sah, wie zärtlich sie mit ihm schmuste, wurde er immer eifersüchtiger. Wenigstens gab es noch seine Tochter! Er freute sich über den treuen Zusammenhalt mit ihr. Sie ist die Einzige, die mir treu geblieben ist, und ihr geht es genauso! Gut, dass wir zusammenhalten.

Die Frau dachte: Dir, meinem Mann, zuliebe habe ich diesen Jungen geboren. Und dieser Sohn, dein Sohn, bringt mich in Bedrängnis, er kostet mich meine ganze Kraft. Und du, sein Vater und mein Mann, lässt mich im Stich. Als wenn es mich nicht gäbe, schenkst du deine ganze Aufmerksamkeit deiner Tochter. Als ob du mich provozieren möchtest, tust du, als sei sie nur deine Tochter. Denn mich lässt Gabi außer Acht, als ob ich gar nicht ihre Mutter wäre. Wenn ich ihr ein Küsschen gebe, wischt sie es ab und rennt von mir weg. Das verletzt mich tief. Deshalb lasse ich euch beide in Ruh.

David, der kleine Sohn, spürt lediglich, dass der sicherste Ort für ihn ausschließlich bei seiner Mutter ist. Von seinem Papa und seiner Schwester weiß er so gut wie nichts. Nur die Mama ist für ihn da und tut das, was er erwartet. Also lutscht er an ihrer Brustwarze oder dreht ihre Haarsträhne. Seine Mama ist die Zuverlässigste, die Wichtigste. Keine andere Frau mehr in meinem Leben kann mir so wichtig sein wie sie. Und er weiß schon früh: Liebe Mama, bleibe für immer bei mir!

Bei allen vieren stimmt nichts mehr. Der Mann kann seine Frau nicht mehr so lieben wie früher und auf seinen Sohn ist er wütend, weil er seine Frau in Beschlag nimmt. Die Frau kann ihren Mann nicht mehr so lieben wie früher und von ihrer Tochter ist sie enttäuscht, weil sie sich von ihr abgewandt hat. Sie ist aber auch wütend, weil sie es mit ihrem Mann besser kann. Die Tochter mag ihre Mutter nicht mehr und kann ihren Bruder nicht ins Herz schließen, weil er ihr die Mutter genommen hat. Der Sohn verliert die Chance, eine Bindung zum Vater aufzubauen, und ist von seiner Schwester enttäuscht, die zu ihm nicht freundlich ist und ihn vom Vater abschirmt.

Bei ihrer Mutter hat Gabriele ihren ersten Platz verloren und ungerechterweise hat David ihn gewonnen. Keins von den Geschwistern konnte mit dieser Vertauschung zufrieden sein. Überall enttäuschte Liebe und Eifersucht. Auf der einen Seite der Vater und die Vatertochter, auf der anderen Seite die Mutter und der Muttersohn, die Beziehung der Ehepartner ist grundlegend verletzt. Der Muttersohn wird es schwer haben, eine bessere Frau im Leben zu finden als seine Mama. Und auch die Tochter wird es bei ihrer Partnerwahl nicht leicht haben. Einen so tollen Mann wie ihren Vater gibt es auf dieser Erde nicht. Ödipale Beziehungen nannte Sigmund Freud diese Konstellationen. Der Name geht auf den altgriechischen Königssohn Ödipus zurück, der sich in seine eigene Mutter verliebte. Allerdings nahm dieser Mythos kein gutes Ende.

»Ja, so ähnlich war und ist es in unserer Familie auch«, nickte Gabrieles Mutter. »Bloß habe ich die Gefahr für meinen Sohn einigermaßen rechtzeitig erkannt. Als er gegen Ende des Kindergartenalters immer noch an meinem Rockzipfel hing und immer noch mehr mit Puppen als mit Autos spielte, habe ich mich um männliche Gesellschaft für ihn gesorgt. Bei seinem Vater hatte er dazu keine Chance. Mein Mann hielt ihn für hoffnungslos verweiblicht. Aber David orientierte sich gerne an Männern. In seinem Sportverein und im Hause meines Cousins, der vier Söhne hat, wurde er zum richtigen Bub. So konnte er sich allmählich von mir loslösen.«

»Von wegen«, konterte Gabriele. »Er ist vielleicht von dir losgelöst, aber du nicht von ihm.«

Welch ein bitterer Schmerz in ihrer Stimme! Die Aussöhnung mit der Mutter war fällig.

Die Anleitung für die therapeutische Sitzung war einfach und klar: Unter fester Umarmung können beide all ihre angestauten Gefühle ausdrücken und sich auf diese Weise so lange emotional konfrontieren, bis die Liebe wieder fließt. »Früher geht ihr nicht voneinander weg. Keine Flucht mehr voreinander. Haltet die Konfrontation so lange aus, bis der ganze Schmerz abgeflossen ist und es euch beiden gut geht.« Ich beruhigte die Mutter noch, dass es keinesfalls darum ging, sie abzuwerten. Das Ziel war die Erneuerung der Liebe. Sollte diese aus irgendeinem Grund nicht zu wecken sein, dann sollte wenigstens die Achtung voreinander erreicht werden. Auf alle Fälle musste Gabriele bei der Mutter ihre erste Stelle zurückgewinnen und ihr jüngerer Bruder musste von der Mutter auf die zweite Stelle verwiesen werden.

Gabriele legte sich auf die Matte und ihre Mutter nahm sie von oben fest in den Arm, sodass Gabrieles Kopf in der mütterlichen Halskuhle ruhte. »Schließe deine Augen. Atme tief ein und aus und mach einen Ton dazu! Spüre, was wehtut und was schon immer wehgetan hat. Und wenn der Schmerz kommt, dann drücke ihn aus!«

Zur Darstellung des Verlaufes verwende ich Ausschnitte aus einem Protokoll, welches meine Hospitantin, die bei mir die Festhaltetherapie lernt, notierte.

Therapeutin: »Wie fühlt sich die Umarmung an?«

Gabriele: »Ungewohnt. Fast unheimlich.«

Th.: »Hältst du es aus?«

G.: »Ich versuche es.«

Mutter: »Ich habe mir es oft gewünscht.« (sie drückt G. fester) »So oft.« (ihre Hände an G.s Kopf zittern leicht, ebenso ihre Stimme)

G. (atmet tiefer und tiefer, fängt an zu schluchzen)

Th.: »Lasse deine Tränen fließen! Schluck sie nicht herunter. Sage deiner Mama, was so wehtut.«

G. (weint nur noch, kann nicht reden)

M.: »Weine es aus, Kind, ganz laut!«

G.: »Seit David da ist und Papa tot, bin ich so alleine. Schon mit David war mein Leben vorbei. Ich war so alleine. Mir hat so viel Wärme gefehlt.«

M.: »Du warst eben für uns immer die Große.«

G.: »Ich war doch noch so klein. Auch Papa sagte, dass ich schon groß bin und dass wir miteinander nicht mehr so schmusen dürfen wie damals, als ich klein war. Aber ich war so klein und so alleine.«

Th.: »Du hast dich als die Große gezeigt und die Mama konnte nicht erfahren, dass du dich so klein fühlst. (zur M.) Sag ihr, wir haben noch Zeit, wir holen es auf.«

M.: »Ja, Gabi, wir holen es auf. Deshalb bin ich gekommen. Weine es aus. Du darfst klein sein. Ich liebe dich doch.«

G.: »Ich weiß nicht, was Liebe ist. Es hat wehgetan, dass sie immer nur meinen Bruder geliebt hat und nur ihn gesehen hat. Ich hatte solche Wut, stinkwütend war ich ...« (sie spannt ihren Körper an, wird rot, wird lauter)

Th.: »... und die Wut konntest du nicht äußern. Jetzt darfst du's! (zur M.) Muntere sie dazu auf, dass sie endlich den Zorn ausschreit. Und halte sie ganz fest dabei!«

M.: »Mach dir Luft, Gabi, schrei die Wut aus, ich halte es aus.«

G.: »Wut habe ich, Wut ... Wut ...«

M.: »Noch lauter, Gabi, los! Volle Pulle!«

G. (schreit, strampelt mit den Füßen, an ihren »Spitzfüßen« wird ihre kleinkindhafte Haltung erkennbar, schlägt mit den Fäusten auf die Matte)

Th. (unterstützt G.s Fußsohlen mit Kissen): »Bäume dich auf! Schrei es alles raus!«

G. (das Schreien geht ins Weinen über): »Ich konnte gar kein Kind sein. Immer die Große, Vernünftige ... Und du hast nur David gesehen. Den Kleinen. Das hat so wehgetan. Das tat so weh!«

Th.: »Schau deine Mama an und sage es ihr.«

G. (schaut in die Augen der Mutter): »Das hat so wehgetan.«

Th.: »Das tut immer noch weh.«

G.: »Das tut immer noch weh.«

Th.: »Du tust mir weh, Mama!«

G.: »Du tust mir weh, Mama. Ich habe keinen Platz bei dir. O Gott, tut das weh! Am liebsten würde ich sterben. Zum Papa gehen ...« (weint verzweifelt)

M. (weint, jetzt weinen beide in enger Umarmung, bei M. ist das Weinen um Stufen verzweifelter)

G. (versucht sie zu trösten)

Th.: »Tue es nicht, es steht dir nicht zu, die Mutter zu trösten. Du bist doch das Kind.«

M.: »Ja, das stimmt, Gabi. Du hast mich nicht zu trösten. Du bist doch das Kind, Gabilein. Mein Kind. O Gott, was habe ich dir alles angetan. Und meinem Mann auch. Das Leben ging so schief und wir haben es nicht gemerkt. Du hast dich so gequält und ich habe es nicht gemerkt.«

Th.: »Halte sie fest und lasse Gabi ausweinen. Und höre nicht auf, auch deinen Schmerz zu äußern.«

G.: »Ich habe dich so gebraucht, Mama. Deine Liebe habe ich so vermisst. Immer nur David, nur David ...«

M.: »Schrei es aus, Kind, du hast Recht. Du hast zurückstecken müssen. Weine dich endlich bei mir aus.«

G. (umarmt jetzt die Mutter, legt ihr beide Arme um den Hals und weint. Man spürt aber, sie fühlt sich verstanden, das Weinen wirkt nicht mehr aggressiv, sondern traurig)

M. (trocknet ihre verschwitzte Stirn, wischt ihre Tränen und ihren Rotz ab)

G. (wird immer mehr zum Kind, sie genießt das kleinkindhafte Versorgtwerden): »Magst du mich überhaupt, Mama?«

M. (drückt G. ganz fest, küsst ihre feuchten Augen): »O Kind, was hat es mir ausgemacht, dass du mich ablehnst, das hat teuflisch wehgetan. Du bist doch meine Erste, die Wichtigste. Ich habe dich immer geliebt, ich habe nie aufgehört, dich zu lieben.« (sie wiegt G. in den Armen, als wäre sie noch ein kleines Kind, und G. genießt es)

G.: »Schade, dass Papa nicht dabei sein kann.« (fängt wieder an zu weinen)

M. (weint auch): »Wir haben so viel Liebe versäumt.« (Die beiden betrauern zusammen den Mann und Papa. Endlich tun sie es gemeinsam! Es dauert lange. Worte erübrigen sich.)

G. (schaut Mama in ihre Augen): »Mama, ich bin so glücklich, dass ich dich habe. Papa hätte es sich nicht anders gewünscht!«

M.: »Er ist immer noch bei uns. Mit uns.«

Th.: »Und segnet euch.«

G.: »Ja. Er segnet uns.«

Danach brauchte es keine Worte mehr. Wenn die Liebe das Warum und das Wenn und Aber und das Ob verliert, braucht sie nur noch Stille für das Glück. Lange lag Gabriele auf dem Herzen ihrer Mama und lange streichelte die Mama ihre Haare und ihren Rücken und küsste ihre Fingerkuppen. Sie waren miteinander verbunden, mit sich selbst verbunden und mit dem Himmel verbunden.

Auf Zehenspitzen, mit einem Gefühl im Herzen, als wäre Weihnachten, verlasse ich die beiden und schließe die Tür still zu. Fortsetzen will ich erst am nächsten Tag. Etwas zum Klären blieb nämlich noch auf der Strecke: Was bewegte die Mutter, dass sie sich mit solcher Beharrlichkeit an ihren Sohn gebunden hat? So eignet sich diese Geschichte gleich als Überleitung für die nächsten Kapitel.

Opfer von systemischen Verstrickungen

In diesem Kapitel möchte ich darauf hinweisen, dass es von der Geschwistergruppe meist das erstgeborene Kind ist, welches für eine Verstrickung aufkommen muss. Klären wir, was man unter dem System einer Familie versteht und was Verstrickung bedeutet. Und was es bedeutet, wenn ein Kind verstrickt ist.

Sämtliche Lebensbedingungen sind in bestimmte Systeme eingebunden. Das Gesetz der Polarität haben wir schon erwähnt, wonach jede Energie nur zwischen zwei gegensätzlichen Polen fließt. Die Erde dreht sich um ihre eigene Achse, die zwischen dem Nordpol und dem Südpol läuft. Der Atemrhythmus fließt zwischen dem Ein- und dem Ausatmen. Ein Kind wird gezeugt durch die Verbindung der zwei Geschlechter. Also hat jeder Mensch einen Vater und eine Mutter. Auch die Einbindung des Menschen in seine Familie und die Einbindung der Familie in die Verwandtschaft sowie die Einbindung in die Folge der Generationen sind durch bestimmte Systeme bedingt. Diese Systeme gelten seit jeher und unabdingbar. Falls eine Lücke im familiären System entsteht, d.h. wenn ein Mensch von der Gegenwartsfamilie oder von der Herkunftsfamilie seinen Platz nicht gebührend erhält, sorgt eine höhere Kraft dafür, dass jemand aus der Familie für diese Lücke aufkommt und den betroffenen Menschen vertritt. Dem Vertreter ist nicht bewusst, für wen er es tut. Er selbst hat die Lücke nicht verschuldet und entscheidet aus eigenem Gewissen nicht den Ausgleich. Er spürt lediglich, dass er mit seiner eigenen Identität nicht in Übereinstimmung ist. Denn er muss an denjenigen, der in der Familie keinen Platz hat, erinnern, indem er dessen Gefühle übernimmt, seine Lebensweise, ja sogar sein Schicksal. Ohne Schuld fällt er in die Schuld, wie es die altgriechischen Mythen darstellen. Im Volksmund wird diese höhere, uns unsichtbare, nur im Erscheinen wirkende und erkennbare Kraft »Gottes Mühlen« genannt. Der bekannte Psychotherapeut Bert Hellinger, der diese in familiären Bindungen stets für Ordnung sorgende Kraft erkannt hat, spricht oft vom Sippengewissen oder von einer hohen, uns übergeordneten Seele. (An dieser Stelle möchte ich anmerken, dass ich das systemische Denken von Bert Hellinger und seine Art der Aufstellung von familiären Systemen dankbar übernommen und in die Festhaltetherapie integriert habe.)

Wer gehört zum System? Die Geschwister, die Eltern und ihre Geschwister, die Großeltern beiderseits und deren Geschwister (Großtanten und Großonkel) und auch jene, die sich in die Familie eingebracht, aber keinen Platz bekommen haben. Jeder in diesem System hat ein Recht auf Zugehörigkeit und Achtung. Dieses Anrecht haben auch die bereits Verstorbenen, Ausgestoßenen und Totgeschwiegenen, die so genannten schwarzen Schafe, die Gehassten und die nicht Geehelichten. Gemeint sind u.a. die früheren Partner von Eltern und Großeltern, unabhängig davon, ob die Bindung offiziell getraut wurde. Das persönliche Gewissen, welches sich anmaßt zu urteilen, wer gerecht ist und wer schlecht, ist hierbei außer Kraft gesetzt. Das Sippengewissen repräsentiert ein höheres Gerechtigkeitsprinzip und sorgt sich um die volle Zahl und um den Ausgleich für alle Menschen, an die die Erinnerung noch vorhanden ist. Das Alte Testament spricht von den »Sünden der Väter, die bis in das dritte und vierte Glied gehen«.

In Zusammenhang mit der zeitlichen Dimension herrscht in familiären Systemen noch ein anderes unwiderstehliches Bedürfnis – ein Bedürfnis nach der Rangordnung, die sich aus dem Beginn der Zugehörigkeit ergibt. Die Paarbeziehung hat demnach Vorrang vor der Beziehung zu den Kindern, weil sie begonnen hat, bevor die Kinder kamen. Für die Reihenfolge der Geschwister gilt als einziges Kriterium die Chronologie der Geburt. Das erstgeborene Kind hat die erste, das zweitgeborene die zweite und das jüngste Kind die letzte Stelle. Bildlich kann man sich diese Reihenfolge im Uhrzeigersinn am Esstisch vorstellen. Dies gilt unabhängig von Geschlecht, Behinderung oder Begabung, von Leben und Tod. Auch das gestorbene Frühgeborene oder der mehrfach Behinderte hat das Recht auf die erste Stelle der Geschwistergruppe, falls er erstgeboren war. Die erste Frau des Mannes hat ein unerschütterliches Recht auf die erste Stelle bei ihm, unabhängig davon, ob sie ihn durch Tod oder Untreue oder aus anderen Gründen verlassen hat. Die zweite Frau nimmt die zweite Stelle ein, auch wenn diese Ehe viel glücklicher ist als die erste. Die Kinder aus der ersten Ehe wiederum haben Vorrang vor der zweiten Frau und den gemeinsamen Kindern aus dieser zweiten Ehe.

Ein typisches Beispiel für die systemischen Gesetzmäßigkeiten von Ordnung, Verstrickung und Ausgleich ist das Märchen vom Aschenputtel. Kaum war Aschenputtels Mutter gestorben, wurde sie von ihrem Vater vergessen. Sobald die Sonne das weiße Tüchlein, vom Schnee auf das Grab gelegt, herabgezogen hatte, nahm sich der Mann eine andere Frau. Diese zweite Frau erhält von Aschenputtels Vater den eindeutigen ersten Platz und ihre zwei Töchter aus ihrer früheren Beziehung(en?) werden Aschenputtel vorgezogen. So verliert das erstgeborene Kind des Vaters die erste Stelle und wird auf den letzten Platz abgeschoben. Ihre verstorbene Mutter wird von ihrem Mann und von der zweiten Frau, aber auch von ihren beiden Töchtern nie erwähnt, geschweige denn geachtet. Das Märchen nimmt für die zweite Frau und ihre Töchter kein gutes Ende, wie wir wissen. Die eigene Mutter hackt ihren geliebten schönen Töchtern die Zehen ab und die Tauben picken den Töchtern beide Augen aus. Und aus ist es für alle, die die erste Frau nicht geachtet haben. Die Gebrüder Grimm erzählen nicht, wie es dem Vater erging. Er wird in dem Märchen aber auch nicht mehr erwähnt. Wir können uns allerdings vorstellen, auch für den Fall, dass er mit der zweiten Frau verheiratet blieb, wie schlecht es ihm mit der bösen Frau und mit den bösen, aus eigener Schuld verstümmelten Stieftöchtern ging. Ähnliches spielt sich auch im Märchen vom Schneewittchen ab. Schneewittchen ist ein Einzelkind, also kein erstgeborenes Kind mit Geschwistern. Insofern passt dieses Beispiel nur bedingt in dieses Buch. Ich möchte es aber dennoch näher betrachten, weil nämlich die Wirkung der systemischen Gerechtigkeit hier noch deutlicher wird als bei Aschenputtel. Auch hier gibt der königliche Vater der zweiten Frau, der schönsten im ganzen Land, den Vorrang. Sie bekommt bei ihm die erste Stelle. Die erste Frau, die bei der Geburt von Schneewittchen gestorben ist, wird aus dem Herzen des Königs ausgeklammert. An Schneewittchen versündigen sich die beiden schwerst. Nicht nur, dass sie beim Vater ihren Platz verliert, sondern es kommt noch viel schlimmer: Die beiden organisieren Schneewittchens Ermordung. Inwieweit der König diese Tat aktiv unterstützt oder nur dazu geschwiegen hat, erzählt das Märchen nicht. Aktiv bei der Vorbereitung des Mordes ist die Königin. Der Mordplan scheitert an der Barmherzigkeit des beauftragten Jägers. Trotzdem aber erscheint das Schneewittchen wiederholt an der Schwelle des dramatischen Todes. Jedes Mal wird die in die Hexe verwandelte Stiefmutter zur Mörderin. Es fällt auf, mit welcher Leichtigkeit sich Schneewittchen jedes Mal in den Tod ziehen lässt. Geradezu mit einem Lächeln auf den Lippen geht sie in den Tod, so wie es auch viele Selbstmörder und durch schwere Unfälle gefährdete Menschen tun, wenn sie in systemischer Treue einem Menschen nachfolgen, der vor ihnen starb, ohne dass er ein Recht auf Achtung bekommen hat. So folgt Schneewittchen ihrer im Wochenbett verstorbenen Mutter. Ob sie wusste, dass ihre echte Mutter starb? Davon erzählen die Grimms nicht. Sie betonen aber, dass Schneewittchen bereits ein Jahr alt war, als sie ihre Stiefmutter bekam. Zu klein, um aufgeklärt worden zu sein.

Im wirklichen Leben kommt es oft vor, dass kleinen Kindern der Tod ihrer Eltern verheimlicht wird und die Stiefeltern oder Adoptiveltern sich als die echten Eltern ausgeben. Das systemische Gewissen lässt diese Ausgrenzung jedoch nicht zu und bewirkt im Herzen des Kindes eine tiefe Ahnung von dem Verschwiegenen und es entsteht eine Sehnsucht, sich mit der ausgegrenzten Person zu verbinden. In einer solchen systemischen Verstrickung ist die Verbundenheit, die in die Nachfolge treibt, stärker als der Wunsch zu leben. Auch die Angst vor dem Tod ist gering. Früher oder später wird das Kind in Depressionen fallen, zu Krankheiten neigen, selbstmordgefährdet sein, lebensgefährliche Sportarten betreiben oder auf andere Weise die Grenze ins Jenseits überschreiten. Unter dem Zwang des höheren Kraftfeldes tut es dies sogar gerne. Aus Liebe muss es das tun. Allerdings ist diese Nachfolgedynamik nicht nur auf den Verlust der Eltern im Kindesalter beschränkt. Wie zu Beginn dieses Kapitels erwähnt, gilt sie für Menschen jeden Alters und ist nicht nur auf die Eltern bezogen, sondern auch auf die früheren Partner der Eltern, auf die Geschwister, einfach auf alle, die zum System gehören und gehören sollten, obwohl das System sie ausgrenzte. Die Vertretung dieses Ausgegrenzten führt nicht unbedingt in den Tod, aber meist in eine besondere Lebensweise oder zu einer lebenslangen Suche nach dem Verlorengegangenen. Und wird die Vertretung von demjenigen, der an der Reihe war, nicht angetreten, übernimmt den systemischen Auftrag sein Nachfolger, meist sein Kind. So zieht sich manchmal ein systemischer Ausgleich über Generationen hin. Meine eigene Lebensgeschichte, in der ich systemisch mit dem ersten Geliebten meiner Oma verbunden war, kann ich hierfür als Beispiel nennen.

Wen sich das Sippengewissen für die Vertretung wählt, erscheint uns manchmal unberechenbar. Doch bestimmte Tendenzen lassen sich erkennen. Meist übernimmt die Vertretung ein Mensch des gleichen Geschlechts. Wird beispielsweise die Oma aufgrund ihrer psychischen Erkrankung zur missachteten Verrückten und auch von ihrem Sohn als solche behandelt, dann wird eines seiner Kinder die Oma vertreten müssen. Eignen dafür würde sich am ehesten eine Tochter. Falls aber nur Söhne vorhanden sind, wird einer der Söhne der Oma nachfolgen, indem er nicht zu seiner eigenen Geschlechtsrolle steht und sich eher mit dem Weiblichen identifiziert, sich auffällig oder gar verrückt verhält und möglicherweise ebenfalls psychisch krank wird. In vielen Fällen übernimmt der Nächste, der an der Reihe ist, das Sippengewissen und somit die Vertretung. Wer kann dies besser als das erstgeborene Kind? Es steht für die systemische Gerechtigkeit geradezu in Habachtstellung. Je weniger Kinder die Familien heute haben, umso mehr müssen diese für die in vielen Generationen angesammelten Verstrickungen aufkommen.

Die Variationsbreite der systemischen Verstrickungen ist groß, schauen wir uns daher einige Fälle genauer an.

Warum musste sich Gabrieles Mutter so beharrlich an ihren Sohn binden?

Ein Gespräch mit Gabrieles Mutter über eine mögliche Verstrickung brachte zunächst keine weiterführende Information. Nicht einmal der Stammbaum, der in ihrer Familie geführt und von einem Familientherapeuten zum Genogramm verarbeitet wurde, brachte Licht in die Angelegenheit. Ich empfahl, den dramatischen, verschwiegenen Schicksalen durch Gespräche mit den damaligen Zeitgenossen nachzugehen. Glücklicherweise lebte Gabrieles Großmutter noch und sie hatte ein ausgeprägtes Erinnerungsvermögen. Von ihr konnte Gabrieles Mutter erfahren, was sie den schriftlichen Aufzeichnungen nicht entnehmen konnte. Nach ihrer Geburt wurde die Mutter nochmals schwanger, verlor aber das Kind im siebten Monat. Der Junge lebte nur wenige Stunden. Die Mutter war zwar geschockt und traurig, zugleich aber auch erleichtert, denn es war Kriegsende und die Familie auf der Flucht aus dem Sudetenland. Ohne Mann, der an der Front war, allein mit ihren drei kleinen Kindern, von denen Gabrieles Mutter die Jüngste war, hatte es die Mutter schwer. Eine stete Angst vor neuen Bombardements, vor Überfällen von Partisanen, von denen die Flüchtlingsfrauen vergewaltigt wurden, und nagender Hunger. Der frühe Tod des Jungen war daher eine gewisse Erleichterung. In diesem Sinne wurde sie auch von ihren Fluchtgenossen getröstet. Sie waren es auch, die den unterentwickelten Körper des Kindes irgendwo verscharrten, die Stelle nicht einmal bezeichnet. Die Flucht musste sogleich fortgesetzt werden.

Als Gabrieles Mutter dann in unserer therapeutischen Gruppe die Ursprungsfamilie aufstellte, stand dieser Bruder weit außerhalb des Kreises der Familie. Sein Vertreter berichtete, dass er sich hier ausgeschlossen und kalt fühle, der einzige warme Strahl komme auf zarte Weise von seiner nächstälteren Schwester. Sie spürte die gleiche warme Zuneigung zu ihm: »Ich suche dich, mein kleiner Bruder, seit du starbst. In jedem kleinen Jungen habe ich dich gesucht, auch in meinem eigenen Sohn. Ich hielt ihn neben mir an der Stelle, die dir gehört. Jetzt ist der Platz für dich frei, du gehörst zu uns und auch mein Sohn kann jetzt frei sein für seinen eigenen Lebensweg.«

Es erübrigte sich, die Gegenwartsfamilie aufzustellen. Die systemischen Kräfte, die am Wirken waren, wurden schnell sichtbar. Gabriele hielt zwar zu ihrem Vater und wäre ihm sicher hinterhergegangen, sie fühlte sich aber auch zum verstorbenen Brüderchen ihrer Mutter hingezogen. Dennoch wurde sie nicht mit der vollen Wucht der systemischen Gerechtigkeit in eine Verstrickung hineingezogen. Auf ihr lastete nicht die Schwere eines systemischen Ausgleichs. Er hat auf sie nur in dem Sinne abgefärbt, dass sie zu Gunsten ihres Bruders auf ihre Stelle der Erstgeborenen bei ihrer Mutter verzichten musste. Für die Lücke des Bruders musste vielmehr ihre Mutter aufkommen und auch ihr Sohn. Ihr Vater hingegen hat es nie zugelassen, seine Frau für seine Tochter auszutauschen. Er wusste von der Gefahr eines Inzestes und schützte sich und Gabriele davor. Die Liebe zwischen ihm und seiner Frau war aber auch nie ganz verloschen. Immerhin, denn ein Flämmchen ist auch ein Licht.

Robin, ein Erstgeborener, der zum missratenen Playboy wird

Eine so anständige Familie! Die Eheleute gurren schon das dritte Jahrzehnt wie zwei Täubchen. Kein Seitensprung, noch nie eine Mahnung vom Finanzamt, niemals falsch geparkt. Der jüngere Sohn ist vorbildlich gelungen. Ein Diplom in Betriebswirtschaft, politisch tätig, dabei aber kein Radikaler, aktives Mitglied des städtischen Musikvereins, ein treuer Ehemann und werdender Vater. Nur der erstgeborene Sohn, Robin, sei missraten. Obwohl er die gleichen Erziehungsbedingungen wie der Kleine genießen konnte, habe sich Robin nie erziehen lassen. Gleich nach der Geburt habe er mit dem Unfug angefangen. Noch zahnlos, jedoch mit starker Kaumuskulatur, habe er seine Mutter so arg in die Brustwarzen gebissen, dass sie das Stillen aufgeben musste. Später führte man sein stetes tyrannisches Verhalten auf seine Neurodermitis zurück. Trotz guter Begabung habe er das Gymnasium nicht beendet, zwei Lehrstellen gewechselt, keine richtige Arbeitsanstellung habe er angestrebt, gelegentlich spiele er Gitarre in verschiedenen Bands. Ein Playboy. Stets mit der Ausrede, er habe Liebeskummer.

Wenn sich ein Kind nicht erziehen lässt, obwohl sich beide Elternteile um gute Erziehung bemühen – man spricht dann davon, dass das Kind erziehungsresistent ist –, liegt der Verdacht auf eine systemische Verstrickung nahe. Dieser Verdacht verstärkt sich in diesem Fall durch das Auftreten der Neurodermitis. Der psychische Anteil an dieser psychosomatischen Erkrankung sagt aus, dass sich der Betroffene in dieser Haut nicht wohl fühlt, als hätte er das Gefühl, in einer fremden Haut zu stecken und sie wegkratzen zu müssen. Oft weisen die Symptome auf eine Identifikation mit einem früheren Verlobten hin.

Der Vermutung zufolge verzichte ich zunächst auf eine Aufstellung des Familiensystems und schieße mit der ersten Frage gleich ins Schwarze: »Ist das Ihre erste Ehe?«

»Ja, natürlich. Von beiden Seiten die erste.«

»Davor hatten Sie keine feste Bindung?«

Alle beide verneinen es sofort. Doch dem Mann bleibt sein »Nein« in der Kehle stecken. Er schaut seine Frau an, als hätte er sie bei der Untreue ertappt.

»Aber Else, du hattest doch das Techtelmechtel mit dem bayerischen Taugenichts. Erzähl doch davon!«

»Ach, das war nicht arg ernst«, errötet sie wie ein junges Mädchen. »Es hätte auch nichts Ernsthaftes sein können. Er war aus armem Haus, trotz guter Begabung konnte er das Gymnasium nicht abschließen, musste in die Lehre, aber die hat er auch nicht beendet. Am liebsten wäre er Musiker, Dirigent geworden. Das war sein Traum. Aber nur ein Traum. Nicht einmal Geige oder Klavier hat er gelernt ...«

»Sagen Sie noch, dass er Gitarre spielte«, deute ich schon im sicheren Wissen um die Identifikation von Robin mit diesem ersten Liebhaber seiner Mutter an. Ihr Herz ist dafür aber noch nicht offen.

»Ja. Woher wissen Sie das? Ja, jemand hat ihm eine alte Gitarre geschenkt.«

Jetzt passt schon alles zusammen wie die Buchstaben in einem Kreuzworträtsel. So ergänze ich sie der Vollständigkeit halber noch weiter, obwohl das Rätsel schon gelöst ist. Ich tue es allerdings nicht aus Selbstzweck, um mich an den verblüffenden systemischen Parallelen zu ergötzen. Ich möchte gerne, dass auch der Frau und ihrem Mann die Parallelen zwischen dem Sohn und dem ersten Geliebten auffallen und dass Robin von seiner Verstrickung vielleicht erlöst werden kann. »Spielte er vielleicht in einem Orchester oder in einer Band?«

»Nun, im Orchester hätte er mit seiner Gitarre keinen Platz gefunden. Bei Tanzkapellen hat er gelegentlich sein Geld verdient. So haben wir uns bei einer Tanzveranstaltung auch kennen gelernt. Aber hören Sie mal, Sie scheinen ihn zu kennen. Oder sind Sie hellseherisch?«

Ich gebe mir Mühe, sie über mein Wissen um die systemischen Ordnungen aufzuklären. Sie scheint dafür immer noch taub zu sein. »War es nur ein unverbindlicher Flirt oder etwas Ernsthaftes?«, frage ich.

Ihr Mann mischt sich ein: »Wie ich es sehe, war es nicht ernsthaft. Blöderweise hat sie sich mit diesem Playboy eingelassen und ihre Unschuld an ihn verloren. Naiver heißer Kopf mit neunzehn Jahren. Der Bursche konnte ihr aber nichts bieten. Sobald ich auf der Bildfläche erschien, hat sie sich von ihm getrennt.«

»Nun ja, meine Eltern waren sehr gegen Thomas und mir auch entsprechend böse und da bist plötzlich du erschienen ... Tja ... Heute muss ich sagen, es war recht so. Bei meiner ersten Liebe war ich wirklich blind. Er hatte meine Liebe nicht verdient. Was wäre es für ein Leben mit ihm! Soweit ich weiß, versuchte er mich bei vielen Frauen und mit Hilfe des Alkohols zu vergessen. Dennoch blieb er seiner Gitarre treu. Wie froh ich bin, dass ich meinen Mann habe! Einen besseren Mann hätte ich nicht bekommen können. Er sorgt für die Familie, wir hatten nie einen Mangel. Lediglich Robin macht uns Sorgen.«

»Haben Sie sich schon mal Gedanken gemacht, ob Robin so missraten könnte wie Ihre erste Liebe?«, stelle ich meine letzte Frage.

Sie schnappt nach Luft und hält sie an, als wäre sie kurz vor dem Ertrinken. Sie schließt die Augen und sagt leise: »Das ist meine stete Angst. In meinen Alpträumen sehe ich die beiden in einer Band miteinander spielen. Der größte Schreck ist, dass mein Alptraum wirklich in Erfüllung geht. Die beiden haben sich unlängst in einer Frankfurter Bar schon kennen gelernt. Bitte, helfen Sie uns. Ich halte die Angst nicht aus.«

»Könnten Sie Ihrem Sohn sagen, dass Sie Ihren ersten Mann ...«

»Er war doch nicht ihr Mann«, stemmt sich ihr Ehemann gegen meine Worte.

»Doch, er war es. Sie sind Ihr zweiter Mann. Ihre Frau haben Sie auf Kosten des ersten Mannes bekommen. Sicherlich hat es ihm auch wehgetan. Gleichgültig wie er war und ist, er zählt zu Ihrem Beziehungssystem und als solcher gebührt ihm Achtung. Das heißt nicht, dass Sie ihn zu Ihren Familienfesten einladen müssen, sondern sein Schicksal mit großzügigem Herzen achten. Ihn als Mensch achten, der in Ihrer Familie eine Spur hinterlassen hat, und spüren, dass es Ihnen Leid tut, was ihm von Ihrer Familie angetan wurde. Solange er aus Ihren Herzen ausgeschlossen ist und als schwarzes Schaf missachtet wird, wird er durch Ihren Sohn vertreten werden müssen. Er wird zum schwarzen Schaf und dies für den Preis, dass er Sie als Eltern aus seinem Herzen ausschließt und Ihnen wehtut.«

Ich kläre das Ehepaar noch ausführlicher über die Wirkweise der hohen systemischen Ordnungsinstanz auf, über den Ausgleich, der für den nicht geachteten ersten Mann nun von einem der Kinder aus der Ehe mit dem zweiten Mann geleistet werden muss. In diesem Fall war es gleich das erstgeborene Kind. Wenn er es nicht gewesen wäre, hätte den systemischen Auftrag der zweitgeborene Sohn übernehmen müssen. Dessen Glück war und ist, dass er die Liebe mit seinen Eltern und die Eltern die Liebe mit ihm genießen können. Das Los fiel auf den ersten Sohn mit verheerenden Folgen: Indem er sich mit dem ersten Mann seiner Mutter identifiziert, kommt er in große Spannung zu seiner Mutter und auch in ein schweres Rivalitätsverhältnis zu seinem Vater. Demzufolge kann auch zwischen ihm und seinem Bruder keine brüderliche Liebe fließen.

Der Schlüssel zur Lösung liegt eindeutig in den Händen der Eltern. So kehre ich zu meiner angefangenen Frage an die Mutter zurück: »Könnten Sie Ihrem Sohn sagen, dass Sie Ihrem ersten Mann die Ehre geben?« Eine ähnliche Frage stelle ich ihrem Mann: »Könnten Sie Ihrem Sohn sagen, dass Sie den ersten Mann Ihrer Frau achten und dass Sie die Stelle des zweiten Mannes einnehmen?«

Sie schütteln ihre Köpfe. Ihr bürgerliches Gewissen ist offensichtlich wesentlich stärker, als es die systemischen Gesetze fordern. Vielleicht brauchen sie auch nur mehr Zeit. Oder einen noch größeren Leidensdruck. Helfen würde, wenn zwischenzeitlich Robin zu einer systemischen Aufstellung käme, um die Wahrheit über sein Leben in einem anderen Licht zu sehen.

In den nächsten Fallgeschichten geht es um das Thema Inzest. Die Tatsache, dass ich gleich von zwei Fällen berichte, hat einen besonderen Grund: Ich möchte dadurch unterstreichen, dass es vor allem die erstgeborenen Mädchen sind, die von allen Geschwistern am häufigsten Opfer von Inzest werden. Auch dieser geschieht häufig aufgrund der systemischen Unordnung.

Bernadette und ihr problematischer Stiefvater

An einem festhaltetherapeutischen Workshop nimmt ein Ehepaar mit der achtjährigen Tochter teil. Beim Vorstellungsgespräch, in dem es darum geht, den Anlass für die Teilnahme zu ermitteln, habe ich Verständigungsschwierigkeiten, die ich auf den mir nicht vertrauten Dialekt zurückführe. Wie mir aber auch andere Teilnehmer bestätigen, sind die Beiträge von beiden Eheleuten schwer verständlich. Die Frau wünscht sich, dass sich dieses einzige gemeinsame Kind gut entwickelt. Aus ihrer erste Ehe habe sie eine achtzehnjährige Tochter, Bernadette, in die Ehe gebracht, und dieser Tochter gehe es nicht gut. Sie sei bereits in psychotherapeutischer Behandlung. Auf Anraten ihrer Therapeutin habe Bernadette auf dieses Seminar verzichtet, damit sich die zwei verschiedenen Methoden nicht gegenseitig stören. Der Mann äußert gar keinen Wunsch, er sei auf seine bescheidene Weise zufrieden. Es könnte ihm vielleicht noch besser gehen, meine ich und schlage den beiden vor, zunächst die Gefühle, die das Ehepaar füreinander hat, unter der festen Umarmung zu testen, um eventuelle Blockierungen aufzulösen. Spürt das Kind die eheliche Liebe seiner Eltern, wird seine gute Entwicklung am besten gesichert.

Die Eheleute sind einverstanden. Offensichtlich aber haben sie nicht damit gerechnet, dass die Umarmung so nah ist. Sobald der Mann seine Frau nur zaghaft in den Arm nimmt, um ihren Kopf in seine Halskuhle zu legen, stößt sie ihn mit einem Aufschrei weg: »Lass das, ich will das nicht, solche Nähe geht mir total gegen den Strich.« Sofort gibt der Mann seinen Versuch auf. »Wenn sie es nicht will, würde ich sie niemals zwingen. Nie und nimmer würde ich einen Menschen festhalten, wenn er es nicht will.« Es bleibt mir nichts anderes übrig, als die Sitzung abzubrechen. Das Kind angesichts dieses offensichtlichen, nicht zu klärenden Ehekonflikts von einem der Eltern festhalten zu lassen halte ich für Unsinn. Eine klare Kontraindikation! Noch bevor ich dazu komme, ihnen lieber die Abreise vorzuschlagen, stehen sie schon mit gepackten Koffern an der Pforte. Der Mann murmelt verbissen, diese widerlichen Umarmungen, die wir hier treiben, seien blanker Unfug. Die Frau möchte mit mir noch etwas unter vier Augen besprechen, von Frau zu Frau.

Und da lichtet sich der Nebel. Sie will mir ihre Widerstände gegen ihren Mann und auch seine doppelbödige moralische Haltung erklären. Jahrelang habe er Bernadette, die sie mit in die Ehe brachte, missbraucht. Begonnen habe er damit, als Bernadette acht Jahre alt war. Sie als Mutter habe es nicht gewusst, eher sei ihr dieser Mann sehr lasch in Bezug auf seine sexuellen Bedürfnisse vorgekommen. Sie selber habe sich ihm nicht aufgedrängt, weil sie sich sowieso von ihm nie richtig erotisch angezogen gefühlt habe. Sonst habe sie sich auf ihn als Ernährer der Familie verlassen können. Eigentlich blieb sie diesem Mann schuldig, der bereit war, für sie und ihr Kind zu sorgen. Nicht einmal Achtung gab sie ihm dafür. Was sie ihm schuldete, nahm er sich von ihrer Tochter und diese gab es ihm für ihre Mutter. Der Missbrauch kam zutage, als Bernadette mit achtzehn einen Freund hatte und nicht in der Lage war, ihre Sexualität zu leben. Erst durch die Psychotherapeutin kam die Wahrheit ans Licht. Nun habe sie fürchterliche Angst um die gemeinsame kleine Tochter. Sie sei in dem gleichen Alter, wie Bernadette war, als ihr Stiefvater zu ihr ins Bett kroch. Nun bemerkt sie, dass die kleine Tochter jeden Morgen zu ihm ins Bett kommt und vergnüglich unter dem Daunenbett mit ihm schmust. Wo ist sie selbst um diese Zeit?, frage ich sie. Schon lange schlafen sie in getrennten Zimmern, lautet ihre Antwort.

Nadine, Inzest in der Familie

Am Telefon bittet eine weibliche Stimme und ihr Lebenspartner um Hilfe. Ihre erstgeborene, zehnjährige Tochter Nadine ist in großer Gefahr. Sie wohnt bei ihrem leiblichen Vater und alles spricht dafür, dass er sie missbraucht.

Ungern kommt sie zu Besuch ins Haus der Mutter, den Körperkontakt mit ihr schränkt sie auf ein Minimum ein, ihren Lebenspartner ignoriert sie völlig und lieb ist sie nur zu ihrer kleinen Schwester, um sie zum Umzug in das Haus des Vaters zu gewinnen. Zweimal schon hätte sich die Mutter bemüht, Nadines Schamlippen zu untersuchen. Sie tat dies natürlich unauffällig, einmal beim Einseifen in der Badewanne und einmal, während Nadine noch schlief. Sie schienen wund zu sein. All ihren Fragen, die sie zu diesem Thema an Nadine richtet, weicht diese geschickt aus. Zweifellos wisse sie gut, worum es geht. Alle Bemühungen seitens des Jugendamtes schlugen ebenso fehl. Der Vater besteht darauf, dass Nadine bei ihm bleibt, und Nadine besteht auf das Zusammenleben mit ihrem Papa.

Die Weichen für die starke Bindung an den Papa wurden gestellt, als die zweite Tochter auf die Welt kam. Lückenlos, so fest, wie dies nur aufgrund von Liebe sein kann, wurde diese Bindung, als der neue Mann auftauchte. Dies spielte sich dramatisch ab. In den Sommerferien fuhr die (noch) glückliche Familie in ein Häuschen an der Adriatischen Küste, welches sich der Papa noch zu seiner Junggesellenzeit für wenig Geld gekauft und mit viel Mühe und Freude renoviert hatte. Hier baute er für seine Familie ein richtiges Sommernest. In diesem Sommer musste er jedoch aus dienstlichen Gründen für zwei Wochen wieder zurück nach Deutschland. In der Zwischenzeit lernte seine Frau bei einem Dorffest einen Maler kennen. Nicht nur der leidenschaftliche Tango und der berauschende Rotwein waren es, die die große Liebe auf den ersten Blick entflammen ließen. Nein, hier trafen sich zwei verwandte Seelen, als hätten sie sich seit jeher schon gekannt. Seit dieser Nacht waren die beiden unzertrennlich. Er ging mit ihr in das

Häuschen und blieb. Sie machten sich keine großen Gedanken über die Kinder. Die kleine dreijährige Tochter fand den neuen Mann amüsant. Nadines mürrische Frage »Was soll denn das?« blieb unbeantwortet und ihr Wegschauen wurde mit Erleichterung aufgenommen. Nach einigen Tagen sahen die beiden Verliebten den Ehemann durch den Garten kommen und schlossen die Tür. Panik auf beiden Seiten. Auf der einen schlägt der Ehemann tobend gegen die Tür. Er bemerkte das Unheil sofort. Von innen trommelt Nadine gegen die Türe und schreit: »Papa, Papa, komm, komm doch, schmeiß den Mann raus!« Dem Ehemann gelingt es, die Türe aufzubrechen. Er würdigt weder Frau noch Liebhaber eines Blickes, nimmt Nadine an der Hand und geht mit ihr weg. Seit diesem Zwischenfall hält sie treu zu ihm. Gegen die Mama und für die Mama.

Für die Mama – darin ist die systemische Verstrickung verankert. Die Tochter versucht, dem Papa das zu geben, was ihm die Mama schuldet. In besonderem Maße fühlt sich dafür die erstgeborene Tochter verantwortlich. Sie tut dies aus Liebe, die eigentlich beiden Eltern gehört. Dafür opfert sie ihr Kindsein. Doch das ist nicht der einzige Preis, den sie zahlen muss. Der Preis ist noch viel größer und gilt lebenslänglich.

Doch auch Söhne müssen oft den Vater vertreten. In einer österreichischen Tageszeitung las ich einen Artikel über die Forschungen von Professor Gerhard Amendt, Soziologe an der Universität Bremen, und erfahre von seinem Buch über Vatersehnsucht. Eine weitere Bestätigung meiner Beobachtungen. Natürlich sind es nicht nur meine Beobachtungen. Zunehmend fallen die Dreieckbeziehungen der Kleinfamilien auseinander und dieser Zerfall führt zu einer intensiven Zweierbeziehung von Mutter und Kind auf der einen Seite und dem Vater auf der anderen Seite. Das Familiensystem zerfällt in einzelne Teile, man könnte auch von einer Ver-Atomisierung sprechen. Dabei ist nicht unbedingt entscheidend, ob das Ehepaar sich hat scheiden lassen oder ob das elterliche Miteinander »nur« stark gelockert ist. Wer bindet sich mit wem und an was? Das Typische von heute: Der Vater bindet sich an seinen Job – die Mutter bindet sich an das Kind. Somit verschiebt sich die Vorrangstelle des Mannes zu seinem Kind. Es muss dann, ohne es zu wollen, den ersten Platz bei der Mutter einnehmen. An dieser Stelle eine kleine Pause zum Nachdenken: Stimmen die Worte »ohne es zu wollen« wirklich? Nein, sie stimmen nicht. Aufgrund seiner symbiotischen, egozentrischen Bindungsbereitschaft möchte das Kind tatsächlich die erste Stelle bei der Mama gewinnen, verstandesmäßig ist es aber noch nicht in der Lage, Rücksicht auf die Ethik der Familienordnung zu nehmen. Diesen Verstand müssen die Eltern haben. Sie sollten sich dessen bewusst sein, dass dem Kind die Stelle des Kindes, aber nicht die Stelle des neuen Partners gehört, und dass die erste Stelle bei der Frau ihr Mann und bei dem Mann die erste Stelle seine Frau haben muss. Nach diesem Prinzip sollten die Eltern auch das Beziehungsgeflecht in ihrer Familie verantwortungsvoll formen. Instinkte oder Emotionen alleine sind keine Basis, um die Kräfte zu steuern, vielmehr ist die emotionale Intelligenz gefragt. Durch die heutigen Möglichkeiten, unabhängig vom Ehepartner zu leben, nimmt dieses Verantwortungsbewusstsein jedoch immer mehr ab. So geschieht es, dass das Kind immer häufiger zum Ersatzpartner der Mutter wird. Und wer eignet sich für diese Rolle unter dem Gesichtspunkt der gegengeschlechtlichen Anziehungskraft mehr als das männliche Kind – der Sohn? Und wer steht als der Erste und der Nächste in der Reihe, um für den Vater die Partnerschaft mit der Mutter zu übernehmen? Der erstgeborene Sohn.

Im Rahmen seiner Studien hat der genannte Soziologe Gerhard Amendt bei mehr als der Hälfte der befragten fünfhundert deutschen und österreichischen Männer ermittelt, dass sie den Vater als Bezugsperson vermissten und sich gleichzeitig von ihrer Mutter vereinnahmt fühlten. Er sagt: »Wir haben eindeutige Belege dafür, dass Mütter in ihrem Frust über ihre Nur-Mutter-Rolle und gesellschaftliche Nicht-Anerkennung vor allem die Söhne emotional überfordern ... In der Rolle des geheimen Vertrauten, der mehr über die Probleme seiner Mutter weiß als der eigene Vater, fühlten sich die wenigsten Söhne wohl ... Aus einer Mütter-Befragung wissen wir, dass diese Vereinnahmung durchaus auch sexualisiert sein kann.« Auch diesbezüglich fühle ich mich in meinen Beobachtungen bestätigt.

Harry: Wenn die Mutter mit dem Sohne

Interessant war schon der sehr männlich klingende Name, auf dem die Mutter nach der Entbindung dieses Kindes eigensinnig bestanden hatte, ohne die Namenswünsche ihres Mannes zu berücksichtigen. Es war auch auffällig, wie oft diese schwäbische Frau von dem dreijährigen Kind als »dem kleinen Männle« und »diesem Kerle« redet. Sie wollte sich zur Festhaltetherapie anleiten lassen, angeblich um sein tyrannisches Verhalten in den Griff zu bekommen.

Sobald sie ihn aber auf den Schoß nahm, um sich mit ihm zu konfrontieren, entstand ein völlig anderes Bild als das einer von der Herrschsucht des Kindes geplagten Mutter. Ein Bild, welches der zuständige Therapeut partout nicht zu ändern vermochte. Mit verführerischen Fingerbewegungen streichelte sie dem Jungen über Rücken, Brust, Oberschenkel und Leistenbereich. Er forderte von ihr, zweifellos gewohnt, einen Zungenkuss und bekam ihn auch in aller Zärtlichkeit der erotischen Liebe, drang mit seinen Händchen in den Ausschnitt ihrer aufgeknöpften Bluse und spielte an ihrem Busen herum. Letzten Endes fühlte sich der Therapeut verpflichtet, die Mutter für kontraindiziert zu erklären, die Sitzung abzubrechen und der Mutter anzuraten, zusammen mit ihrem Mann in eine Ehetherapie zu gehen.

Dirk, der Kämpfer an Vaters Seite

Anfangs erging es Dirk ähnlich wie Harry. Das Blatt wendete sich jedoch, als er sieben Jahre alt wurde. Die Mutter fand einen neuen erwachsenen Partner, der ihr all das geben konnte, was sie bei ihrem Mann vermisste hatte. Dirk verlor seinen ersten Platz bei ihr. Er suchte Verbindung mit dem, dem es ähnlich ging, nämlich seinem gehörnten Vater. Der Junge rächte sich mit der Leidenschaft eines Othello, indem er ihre Liebesangebote grundsätzlich zurückwies, ihre Erziehung verweigerte und aggressiv gegen sie wurde. Er beleidigte sie, wenn möglich öffentlich, mit obszönen Kraftausdrücken und schlug sie. Am liebsten hätte er sie umgebracht.

Er rächte sich nicht nur für sich, sondern auch für den

Vater. Hier sind alle Familienglieder, einschließlich des neuen Partners der Mutter, unter die dynamischen Räder der systemischen Gerechtigkeit gekommen. Das Kind spürte die neu entstandene Balance. Auf der einen Seite die Mama und ihr neuer Freund. Auf der anderen Seite leidet der verlassene, klein gemachte Vater und kann sich schwer dagegen wehren. Das Kind handelt wie das Zünglein an der Waage. Mit feiner Exaktheit neigt es sich in der Tiefe seines treuen Herzens dem Schwächeren zu, geht mit ihm in Koalition und kämpft mit ihm gemeinsam gegen die Verräter. Von wegen verhaltensgestörtes Kind! Ein armes Kind, welches sich als Mann geben musste, noch bevor es Mann wurde.

Katharina, die ihre Eltern »beeltern« muss

Katharina hat schon die dritte gescheiterte Ehe hinter sich. Drei Kinder, drei Väter und jeweils die neuen Partnerinnen und deren Kinder, dies alles ergibt eher eine Beziehungskiste als ein Beziehungssystem. Mit allen Nachteilen, aber auch gewissen Vorteilen. Alle müssen mit ihren Beziehungen äußerst bewusst umgehen, um in dieser Lebensgemeinschaft mit gesunder Seele zu überleben. Katharina beginnt eine Ausbildung zur Psychotherapeutin. Schon von klein auf musste sie stets beobachten, sich einsetzen, den Unheimlichkeiten nachgehen, auskunden, warum es so und nicht anders ist. Ihre Grundfrage lautet: Warum konnte sie sich als Kind nie anvertrauen, fallen lassen, warum konnte sie einfach nie Kind sein?

Sie ist die Erstgeborene. Als sie sieben war, kam ihr Bruder Frank auf die Welt. Dazwischen hatte die Mutter zwei Fehlgeburten und zwei Abtreibungen. Die Eltern waren ständig im Konflikt, dauernd war eine Explosion zu erwarten, als lebte man unter einem rauchenden Vulkan. Beide Eltern machten sie zur Vertrauten, wenn sie dicke Luft untereinander hatten. Und das war fast immer.

Der Papa klagte, wie unerträglich es für ihn sei, wenn seine Frau auf taubstumm schaltet, und bat sie um Ratschlag und Hilfe. Sie solle für ihn mit der Mama verhandeln. Katharina kann sich erinnern, wie sie sich unter diesem schwer zu erfüllenden Auftrag hilflos, ohnmächtig und schuldig für das Misslingen ihrer Mission fühlte. Genauso überfordert fühlte sie sich aber von der Mutter. Von der Mama musste sie sich bis in die Einzelheiten anhören, welchen Unfug der Mann mit ihr anstelle, wie er sie im Bett tadele, aber dennoch mit ihr schlafe, wie er mit einer Nachbarin flirte usw. Sie musste ihre Mutter trösten und betreuen, als sie ihre Fehlgeburten erlitten hatte, und sie musste sie beraten, ob sie eine Abtreibung vornehmen solle oder nicht. Katharinas Erinnerungen an diese überlastende Verantwortung reichen bis in die Zeit ihrer Einschulung. Auf dem Schulweg spielten ihre Kameradinnen Mama mit dickem Bauch und Hebamme und am gleichen Tag erwartete ihre Mutter von ihr eine Beratung, ob sie das Kind in ihrem Bauch behalten solle. Wohl aufgrund des Spieles mit ihren Freundinnen entschied Katharina, dass diesmal das Kind nicht abgetrieben würde.

Die Mutter erwartete von ihr eine Beratung, als wäre Katharina die Mutter. So hat Katharina also ihre Oma vertreten. Der Vater wandte sich an sie, als wäre sie sein Vater. Bei ihm also vertrat sie ihren Opa. In der systemischen Therapie wurde dafür der Begriff »Parentifizierung« geprägt. Logischerweise eignet sich für die Parentifizierung, für das »Beeltern« und das »Begroßeltern«, das erstgeborene Kind am besten.

Fabian, ein unechter Erstgeborener

Die Familie kommt zur Beratung wegen ihres neunjährigen Sohnes, der Erstgeborene von drei Kindern. Er hat eine hohe Intelligenz, die aber kommt wegen seiner Verträumtheit und Konzentrationsstörungen nicht zum Tragen. Er hat tausende von Ideen und eine sprühende Phantasie, in die Tat wird aber nichts umgesetzt. Er verhält sich oftmals wie ein Kind aus einer anderen Welt. Freunde hat er so gut wie keine, obwohl er gerne welche hätte. Eher sucht er bei Kameraden seiner jüngeren Geschwister Anschluss. Berater verschiedener esoterischer Richtungen führten seine Eigenart auf sein Sternzeichen und die Seelenwanderung zurück. Einer von ihnen war sich ganz sicher, dass Fabian die Reinkarnation von Lord Byron, jenem romantischen Dichter, sei, der für seinen ausschweifenden Lebensstil von der englischen Gesellschaft an der Schwelle zum neunzehnten Jahrhundert verachtet wurde.

Eigentlich gar kein typisches Verhalten eines Erstgeborenen, dachte ich, denn der Junge hat sein Bedürfnis, stets der Größte zu sein, aus welchem Grund auch immer aufgeben müssen und realisiert sich nur in seinen Träumen und bei Jüngeren. Diese Arbeitshypothese stimmte jedoch nicht. So, wie er jetzt war, sei er schon immer gewesen. Sein erstes Wort war nicht »Mama«, sondern »Mond«.

Bei der Erhebung der Anamnese stellte sich heraus, dass Fabian kein erstgeborenes Kind war. Vor ihm gab es schon einen Jungen, der mit knapp einem Jahr den Krippentod starb. Von ihm hatte man in der Familie nicht mehr gesprochen. Die Eltern und Großeltern hatten sich verhalten, als wäre er niemals dagewesen. Dieses Unrecht kann die Seele des darauf folgenden Kindes nicht ertragen. Es traut sich nicht, die Stelle zu besetzen, die vor ihm ein anderes Kind räumen musste. Zwar hat es keine realistische Information über seinen Vorgänger bekommen und es nimmt nur wie durch einen Schleier sein Grab wahr, es weiß aber in seinem Herzen: Der Platz gehört nicht mir. Auf dieser Stelle darf ich meine Identität nicht aufbauen. Diese Stelle nehme ich nicht an. Und die Seele weicht dorthin, von woher sie kam und wohin das vorangegangene Geschwister verschwunden ist.

Was war die systemische Lösung? Nachdem wir die Familie aufgestellt und dem erstgeborenen, zugleich dem erstverstorbenen Kind seinen ersten Platz freigeschaufelt hatten, veranstaltete die Familie eine Feier. Am Grab des erstgeborenen Kindes wurden seine überlebenden Geschwister aufgestellt. In der Reihenfolge, in der sie auf die Welt gekommen waren. Fabian half man zu sagen: »Hier liegst du, mein erstgeborener Bruder Thomas, und ich weiß von deiner Seele, die hier mit uns ist. Du bist der Erste, du warst vor mir. Und so hast du für immer einen Platz in meinem Herzen. Ich gebe dir deinen Platz und traue mich, den zweiten Platz zu nehmen und voll zu leben. Mir und dir zur Freude.«

Empfehlungen für die Erziehung der Erstgeborenen

Haben Sie sich, liebe Leserin und lieber Leser, von dem vielen Leid der Erstgeborenen so beeindrucken lassen, dass Sie nun der Meinung sind, Sie sollten auf den Kindersegen lieber verzichten? Dann haben Sie schwache Nerven und möglicherweise zu wenig Vertrauen und Hoffnung in die Zukunft. Denn das Leben kann ohne Kindersegen nicht weitergehen, und Kindersegen ohne erstgeborenes Kind gibt es nicht. Wie so oft gilt auch hier: Ohne Krisen keine Chance. Prüfungen im Leben sind wie das Salz in der Suppe. Ohne Salz schmeckt die Suppe nicht. Deshalb kann der Mensch erst dann wahre Freude an seiner Kraft haben, wenn er sie unter Belastung testete. Eine versalzene Suppe schmeckt aber auch nicht. Darum geht es auch bei den Erstgeborenen. Ob Sie es sind oder Ihr Ehepartner, Ihr Kind, Ihre Mutter, Ihr Vater, Ihre Schwiegermutter, Ihr Chef oder Ihr Mitarbeiter – vermeiden Sie unnötige Schmerzen! Geben Sie den Chancen die Chance, mächtiger als die Krisen zu werden!

Haben Sie also Mut, Kinder in die Welt zu setzen, und sorgen Sie schon bei dem Erstgeborenen dafür, dass er sein Leben lang lernt, seine Verluste als Basis für seine Chancen zu sehen. Damit er diese lebenswichtigste Erfahrung machen kann, sollten Sie ihm den allerersten großen Verlust der Einzelkindposition auch zumuten. Logischerweise bedeutet es, dass Sie auch noch Mut für ein zweites Kind haben sollten.

Da wir erkannt haben, dass die Rivalität im Duell besonders schmerzhaft sein kann, als würde sich das ganze Leben nur um die Beziehung der beiden drehen, ist es günstiger, eine größere Geschwistergruppe zu gründen. Denken Sie daran, dass dann auch die Erziehung in einer Kindergruppe leichter ist. Hier sind die Kinder aus ihrer eigenen Kraft gefordert, für ihre Rangordnung aufzukommen, und erziehen sich untereinander. Und bedenken Sie, dass die Geschwisterbeziehung die längste von allen familiären Bindungen ist. Bei nur zwei Kindern kann eine zu starke Bindung bis zur Abhängigkeit entstehen. Sollte die Bindung misslingen, ist die Enttäuschung für beide besonders groß.

Ein günstiger Altersabstand zum Jüngeren beträgt mehr als zwei Jahre, um die »Zwillingslage«, in der der Ältere stärker sein muss, ohne es noch richtig begreifen zu können, zu vermeiden. Drei Jahre Altersunterschied scheint von größtem Vorteil zu sein.

Stellen Sie die Weichen für eine gleich starke Bindung zu jedem der beiden Elternteile! Sicherlich ist es für das erstgeborene Kind vorteilhaft, wenn es vom Papa aufgefangen wird und sich bei ihm die Zuneigung holt, die es bei seiner Mama vermisst, wenn sie vom zweitgeborenen Baby besetzt wird. So bald als möglich sollte jedoch die Bindung an die Mutter erneuert werden.

In diesem Zusammenhang möchte ich allerdings als entschiedene Vertreterin des Festhaltens nicht auf den

Hinweis verzichten, dass der angestaute erlittene Schmerz eigentlich nur im Arme desjenigen Menschen, der den Schmerz auslöste, abfließen und abgefangen werden kann. (Beschreibung des Festhaltens und der Festhaltetherapie siehe die Geschichten von Tim auf Seite 35 und von Gabriele auf Seite 162!) Im Verlauf dieser emotionalen Konfrontation erfährt das Kind, dass sich die Mutter (bzw. der Vater) in seine verletzte Seele hineinfühlt, es fühlt sich verstanden und frei für die erneuerte Bindung. Das Kind kann dabei erfahren, wie sehr es der Mutter Leid tut, ihm wehgetan zu haben. Es soll sich unter allen Umständen geliebt fühlen, nicht nur, wenn es als das Größere vernünftig, einsichtig und leistungsbereit ist, sondern auch dann, wenn es schreit und weint wie ein kleines Kind. Schon die Tatsache, dass das Kind endlich einmal wieder am und im Herzen seiner Mama, im Mittelpunkt ihrer Aufmerksamkeit, nur mit ihr alleine alle Gefühlswelten teilen kann und sich bedingungslos geliebt fühlt, wirkt heilsam.

Fangen Sie damit schon vorbeugend an, noch bevor das zweite Kind geboren wird. Das Erstgeborene soll in den Armen seiner Mutter wahrnehmen, dass in seiner unmittelbaren Nähe im Bauch der Mutter das Geschwisterchen auf seine Geburt wartet und dass es das zweite wird, während es selbst auf alle Fälle das erste ist und ihm dieser Platz für immer erhalten bleibt. Nehmen Sie Ihr Kind in den Arm nicht nur des liebevollen Kuschelns wegen, sondern auch dann, wenn das Kind auf Sie wütend ist und diesen Ärger nicht sprachlich zu äußern vermag. Das gilt auch umgekehrt, nämlich dann, wenn die Mutter sich vom Kind verärgert fühlt und es sprachlich nicht erreichen kann. Dem Kind wird durch diese emotionale Konfrontation vermittelt, dass es nicht weg von der Mutter, sondern hin zu ihr soll, wenn es verletzt ist oder die Mutter verärgert hat, um diesen Schmerz in die Erfahrung der bedingungslosen Liebe und Geborgenheit verwandeln zu können.

Diese Vorerfahrung kommt dem Kind zugute, wenn sich mit dem zweiten Kind der schmerzende Zweifel einschleicht. Lassen Sie es diese Erfahrung auch immer dann erleben, wenn Sie es als Störenfried am liebsten wegschicken würden. Zerrt das Erstgeborene an Ihnen ausgerechnet, wenn Sie das Baby stillen oder wenn es in Ihrem Arm bereits eingeschlafen ist, deuten Sie das nicht als tyrannisches Verhalten, sondern als Angst, weniger geliebt zu sein. Falls Sie das Kind wegschicken, bestätigen Sie seine Angst. Deshalb meine immer wieder bewährte Empfehlung: Nehmen Sie das Erstgeborene in den Arm und lassen Sie es ausgiebig spüren, dass zunächst eben es selbst an die Reihe kommt. Bieten Sie ihm zur Kostprobe die Brust an. Sie wird ihm sowieso nicht so gut schmecken wie Fanta. Übersättigen Sie es lieber mit Zuwendung, als sein Bedürfnis nach der Mama zu »untersättigen«. Geben Sie ihm die Chance, eine wichtige Stelle als Helfer einzunehmen: »Wenn ich dich nicht hätte! Schau mal, wie sich die Kleine freut, wenn du sie streichelst, wenn du ihr die Rassel gibst. O wie ich mich freue, dass du die ganze Zeit, in der das Baby nicht einschlafen konnte, mucksmäuschenstill warst. Wenn ich das deinem Papi erzähle, der wird sich freuen!«

Das Festhalten eignet sich auch als Mittel gegen die beiden letztlich krankmachenden Grundstrategien, mittels derer das Kind sein Trauma zu bewältigen versucht:

- Wenn das Erstgeborene sich unter seinen eigenen übermäßigen Leistungsdruck und Erfolgszwang stellt, sich einbildet, immer der Beste, Größte, Fehlerlose sein zu müssen, und nervös, depressiv oder aggressiv auf seine Misserfolge reagiert, halten Sie es fest im Arm, um ihm zu sagen und es spüren zu lassen, dass Sie es vorbehaltlos lieben: »Ich würde dich lieben, auch wenn du gar nichts wüsstest und du nicht sprechen könntest. Ich sehne mich nach dem Tag, an dem du aus der Schule lauter schlechte Noten nach Hause bringst, damit du merkst, dass ich dich liebe, so wie du bist. Du bist und bleibst mein einziges erstgeborenes, mein ältestes Kind, auch wenn du jetzt in meinem Arm wie ein kleines Baby schreist.«

- Zeigt das Kind Zeichen der Regression, d. h. nässt es wieder ein, lutscht zu viel am Daumen, verlangt gefüttert zu werden, obwohl es schon selbst essen konnte, oder angezogen zu werden, obwohl es früher stolz war, es selbständig zu können, seien Sie nicht enttäuscht. Denken Sie nicht, dass das Kind faul ist, dumm oder Sie ausnützen will, sondern lesen Sie hinter diesen verschlüsselten Botschaften die Angst des Kindes, das wiederhaben will, was ihm so früh entgangen ist, und glaubt, dass das Kleinere mehr geliebt wird. Tadeln Sie das Kind nicht. Drängen Sie es nicht zur Selbständigkeit. Gehen Sie auf Ihr Kind ein, so wie es seine Bedürfnisse signalisiert. Ziehen Sie es wieder an und aus, geben Sie ihm die Flasche, bieten Sie ihm den Schnuller an und trösten Sie es, wenn es verstimmt ist oder nasse Hosen hat. »Du bist immer noch mein Kleines», will das Erstgeborene hören - und auch so behandelt werden. Je mehr Sie diese Nachholbedürfnisse sättigen, desto schneller geht die Regression vorüber. Denken Sie daran, dass eine Kinderpsychotherapeutin das Gleiche tun würde, allerdings fachlich als Psychodrama inszeniert. Ein ganz normales Mama-Baby-Rollenspiel zu Hause erfüllt den gleichen Zweck, wenn das Bedürfnis des Kindes rechtzeitig erkannt und dadurch eine neurotisierende Festigung der Symptome verhindert wird.

Haben Sie keine Hemmung davor, das schon größere Kind festzuhalten, wenn es sich in seiner Not befindet.

Vielleicht werden Ihnen dabei kleine Fehler passieren. Einen weit größeren Fehler würden Sie jedenfalls begehen, wenn Sie auf diese grundlegende Hilfe verzichten. Falls Sie es sich nicht selbst zutrauen, wenden Sie sich an einen der anerkannten Festhaltetherapeuten. Die Adressen bekommen Sie bei der Gesellschaft zur Förderung des Festhaltens als Lebensform und Therapie e.V. (siehe Seite 208).

Um die Bindung zwischen Kind und einem Elternteil zu unterstützen, eignen sich sicherlich auch andere Gelegenheiten, bei denen sich das Kind wieder in seinem gewohnten Mittelpunkt empfinden kann. Das Festhalten ist kein ausschließliches Allheilmittel. Die Bindung kann das Kind auch bei anderen Gelegenheiten genießen: beim Spielen zu zweit, bei Ausflügen, Ferienreisen zu zweit und so weiter.

In der Regel ist es nicht zu vermeiden, ja sogar ist es gerecht, dass das älteste Kind das größte, erfahrenste sowie leistungsfähigste ist und demzufolge auch die größte Verantwortung übernehmen will und soll. Bestätigen Sie dem Kind diese Qualitäten! Sie sind ja seine Chance zu wahrem Selbstwertgefühl. Tun Sie jedoch alles dafür, dass das Kind von diesen Eigenschaften nicht abhängig wird! Vermitteln Sie ihm, dass es geliebt ist, auch wenn es keine perfekten Leistungen bringt und wenn es nicht alles besser weiß als die kleineren Geschwister.

Sorgen Sie unbedingt dafür, dass das erstgeborene Kind seinen ersten Platz in der Geschwistergruppe behält. Dieser Platz gehört ihm wirklich mit vollem Recht, selbst dann, wenn es mehrfach schwerstbehindert oder das untüchtigste von allen Geschwistern ist. Nicht einmal sein Tod darf dem Erstgeborenen seine erste Stelle nehmen.

Damit jeder die Stelle bekommt und behält, die zu ihm gehört, muss es sich logischerweise um verschiedenartige Stellen handeln. Praktisch bedeutet das, dass man die Kinder nicht über einen Kamm scheren darf. Sonst würde jeder Einzelne daran gehindert, seine einzigartige Identität auszubilden. Diese unangebrachte Gleichbehandlung drückt sich nicht vordergründig in gleichen Kleidern oder durch die »gleiche Liebe« aus, sondern es geht um die Gleichschaltung der Verantwortung. (Denken Sie an die Geschichte mit dem Schulranzen von Peter Härtling, Seite 123!) Diesbezüglich gibt es kein klareres Unterscheidungsmerkmal als eben die Rechte und Pflichten. Der Erstgeborene muss mehr Pflichten übernehmen, als Ausgleich muss er jedoch mehr Rechte und mehr Freiheit bekommen. Konkret heißt das zum Beispiel: Er muss seine Schulaufgaben erfüllen, ob er Lust hat oder nicht, auch hat er in Vertretung seiner Eltern die jüngeren Geschwister zu beaufsichtigen. Dafür bekommt er aber auch das Recht, alleine auf der Straße Rad zu fahren, später ins Bett zu gehen, sein anspruchsvolles Spielzeug alleine zu besitzen und ungestört damit zu spielen. Dagegen hat das jüngere Kind weder Schul- noch Aufsichtspflicht, hat also Recht auf viel Freiheit, sogar ein Recht auf Windeln; dafür aber muss es früher ins Bett und darf sein älteres Geschwister bei seinem anspruchsvollen Spiel nicht stören. Natürlich darf das Kleine dabei sein, wenn der Große seine Flugzeuge baut, aber nur, um ihm zu assistieren: Noch besser wäre es, es schaut nur zu, um sich den großen Bruder als Vorbild nehmen zu können.

Was sollen Sie tun, wenn die Geschwister miteinander kämpfen? Versuchen Sie nicht, dies zu verhindern, und mischen Sie sich nicht dazwischen. Die Geschwister müssen ihre Rangordnung auch leiblich erfahren. Dazu müssen allerdings klare Regeln für das aggressive Miteinander aufgestellt werden. Und wer sonst ist berufen, diese Anstandsregeln in aller Eindeutigkeit einzuführen, wenn nicht die Eltern? Von ihnen übernimmt das erstgeborene Kind die Regeln und gibt diese an seine jüngeren Geschwister weiter. Beispiele für diese Regeln, nach denen die Kinder ihre leibliche Aggressivität ausleben dürfen: Der Ältere greift den Jüngeren nicht an, hat aber das Recht, sich zu wehren, wenn er von ihm angegriffen wird. Seine Mittel dabei müssen dem Anstand entsprechen: nicht treten, nicht beißen, nicht unter die Gürtellinie schlagen, keine Waffen (manch unscheinbarer Gegenstand wie zum Beispiel ein Buch kann mit seinen harten Ecken in einer wütenden Hand zur Waffe werden). Die Kinder sollen lernen, Konflikte aus eigener Kraft zu bewältigen. Verpetzen oder denunzieren sollten sie nicht. Wenn das Kind seine Eltern als Schiedsrichter ruft, verzichtet es auf seine Kompetenz und macht sich eigentlich klein. Im Grunde tut es dem Erstgeborenen gar nicht gut. Rüsten Sie ihn deshalb mit menschenwürdigen Regeln für den aggressiven Kampf aus! Das ältere Kind hat das Recht, seine kleineren Geschwister in ihre Schranken zu weisen, wenn sie es drangsalieren.

Loben Sie das erstgeborene Kind für sein gutes Tun! Bestätigen Sie es, wenn es liebevoll seinen kleineren Geschwistern hilft! Freuen Sie sich, wenn es Sie nachahmt und bei den Kleineren vertritt. Und vor allem: Lieben Sie das Kind, auch wenn es gerade nicht »gut« ist!

Dann können Sie davon ausgehen, dass es sein Schicksal gerne annimmt und dabei frei ist.

Literaturhinweise

Amendt, Gerhard: *Vatersehnsucht. Annäherung in elf Essays.* Universität Bremen, Bremen 1999

Bank, Stephen P./Kuhn, Michael: *Geschwister-Bindung.* dtv, München 1994

Dunn, Judy/Plomin, Robert: *Warum Geschwister so verschieden sind.* Klett-Cotta, Stuttgart 1996

Franz, Marie Louise von: *Der ewige Jüngling.* Kösel, München 1987

Härtling, Peter: *Große, kleine Schwester.* Kiepenheuer & Witsch, Köln 1998

Hellinger, Bert: *Ordnungen der Liebe. Ein Kursbuch.* Auer, Heidelberg 1998

König, Karl: *Brüder und Schwester. Geburtenfolge als Schicksal.* Vandenhoeck & Ruprecht, Göttingen 1995

Leman, Kevin: *Geschwisterkonstellationen. Die Familie bestimmt Ihr Leben.* mvg, München 1998

Mayer, Norbert J.: *Der Kain-Komplex. Neue Wege systematischer Familientherapie.* Scherz für Integral, Bern 1998

Petri, Horst: *Geschwister – Liebe und Rivalität. Die längste Beziehung des Lebens.* Kreuz, Zürich 1998

Prekop, Jirina: *Hättest du mich festgehalten ... Grundlagen und Anwendung der Festhalte-Therapie.* Kösel, München 1995

Dies.: *Schlaf, Kindlein – verflixt noch mal! Ein Ratgeber für genervte Eltern.* Kösel, München 1997

Dies.: *Der kleine Tyrann. Welchen Halt brauchen Kinder?* Kösel, München 1997

Dies.: *Von der Liebe, die Halt gibt. Erziehungsweisheiten.* Kösel, München 2000

Prekop, Jirina/Hellinger, Bert: *Wenn ihr wüsstet, wie ich euch liebe. Wie schwierigen Kindern durch Familien-Stellen und Festhalten geholfen werden kann.* Kösel, München 1998

Prekop, Jirina/Schweizer, Christel: *Unruhige Kinder. Ein Ratgeber für beunruhigte Eltern.* Kösel, München 1997

Dies.: *Kinder sind Gäste, die nach dem Weg fragen. Ein Elternbuch.* Kösel, München 1998

Sulloway, Frank J.: *Der Rebell der Familie. Geschwisterrivalität, kreatives Denken und Geschichte.* Siedler, Berlin 1997

Toman, Walter: *Familienkonstellationen. Ihr Einfluß auf den Menschen.* Beck, München 1996

Gesellschaft zur Förderung des Festhaltens e.V.

Adressen der von der GFH anerkannten Festhaltetherapeuten in Ihrer Nähe erhalten Sie über die

Gesellschaft zur Förderung des Festhaltens
als Lebensform und Therapie e.V.
c/o Annette Austermann
Funkenbergweg 3
88459 Tannheim
Tel.: 08395/93 42 29
Fax: 08395/93 42 28

Weitere Informationen finden Sie auch im Internet unter
www.Festhalten-Prekop.de